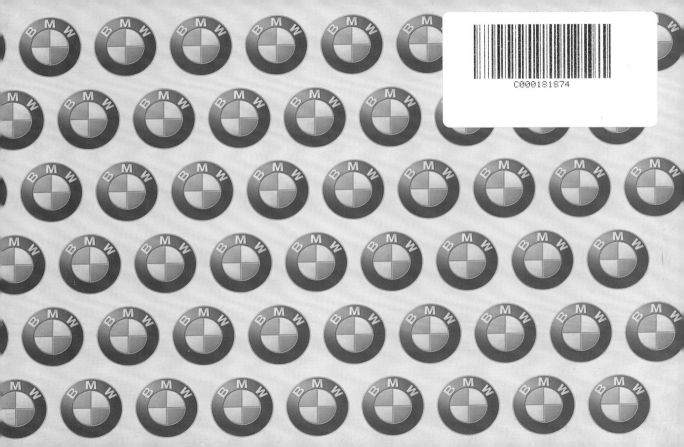

Alessandro Sannia

TECTUM
PUBLISHERS

BMW

Texte / *Texts:* Alessandro Sannia
Traduction française / *French translation:* Carole Touati
Traduction anglaise / *English translation:* Èleonora Elez
Direction artistique & mise en page / *Art & layout:* Rosanna Bussano - Società Editrice Il Cammello
Photographies / *Photographs:* Archivio Alessandro Sannia; BMW Group

Édition français-anglais / *French-English edition:*
© 2011 **Tectum Publishers**
Nassaustraat 40-42
2000 Antwerp
Belgium
info@tectum.be
+ 32 3 226 66 73
www.tectum.be

ISBN: 978-90-79761-90-6
WD: 2011/9021/27
(141)

Édition originale / *Original edition:*
© 2011 **Edizione Gribaudo srl**
Via Garofoli, 262 - San Giovanni Lupatoto (VR)
Tel. 045 6152479 fax 045 6152440
e-mail: redazione@gribaudo.it

Imprimé en / *Printed in:* China

SOMMAIRE

CONTENTS

DES AVIONS
AUX VOITURES

From aircrafts
to cars

Les origines de BMW dans sa réalité industrielle remontent à la première décennie du XXe siècle. Cependant, son activité dans le secteur automobile ne débuta que plus tard.

La première entreprise, appelée Rapp Motorenwerke, fut fondée par l'ingénieur allemand Karl Rapp et son partenaire financier Jules Auspitzer le 28 octobre 1913. Elle se consacrait à la construction de moteurs, notamment pour l'aéronautique. En fait, quasiment aucun des projets de Rapp ne fut une réussite et, bien que l'éclatement de la Première guerre mondiale eût attiré l'attention sur le secteur ainsi que de gros budgets, jusqu'à la fin de l'année 1916 la situation – autant sur le plan technique que commercial – ne s'arrangea pas. L'arrivée d'un nouvel ingénieur, le jeune et brillant Max Friz, marqua un tournant radical, qui permit la création d'un moteur d'avion efficace et innovant et eut comme conséquence le renvoi de Rapp, considéré comme un frein au développement

BMW's origins as an industrial reality date back to 1913 although any activity in the automotive field arrived only afterwards.

Rapp Motorenwerke, the first company established by the German engineer Karl Rapp and his financial partner Julius Auspitzer on October 28, 1913, specialized in the manufacturing of aeronautics engines. Virtually all Rapp's projects were unsuccessful and, even though the outbreak of World War I had brought great attention and equally significant funding to the field, the situation, both technical and commercial, remained sluggish until late 1916. The arrival of the young and brilliant engineer Max Friz became a radical turning point, which allowed for the creation of an efficient and innovative aeronautical engine and resulted in the dismissal of Rapp, who was considered a drawback to company development. With the founder gone, it made no more sense to keep his

Page ci-contre : quatre modèles de la première famille de voitures fabriqués par BMW, basés sur l'Austin 7 britannique. *En haut:* la Dixi 3/15 DA-1, dont la licence de production a été achetée en 1928 à FFE en même temps que l'usine d'Eisenach. *En bas à gauche :* la 1930 3/15 DA-3 Wartburg version sport. *En bas à droite :* la 1931 3/15 DA-4.

On the opposite page: *four models of the first car family made by BMW, based on the British Austin Seven.* Top: *the Dixi 3/15 DA-1, the production license of which was bought in 1928 from FFE along with the Eisenach factory;* bottom left: *the 1930 3/15 DA-3 Wartburg sport version;* bottom right: *the 1931 3/15 DA-4.*

La BMW 1932 3/20 AM, premier modèle dessiné à Munich, toujours inspiré de l'Austin.

The 1932 BMW 3/20 AM, the first model designed in Munich, even though still based on the Austin.

de l'entreprise. Le fondateur ayant été écarté, conserver son nom n'avait plus de sens ; et c'est ainsi que le 21 juillet 1917 le nom de « Bayerische Motorenwerke Gmbh » (Usine de fabrication de moteurs de Bavière), communément abrégé BMW, fut adopté.

La défaite allemande, cependant, entraîna la fermeture de l'usine qui, puisqu'elle se limitait exclusivement à la fabrication militaire, ne fut pas autorisée à continuer. L'interdiction ne fut levée qu'au début de l'année 1919 et BMW recommença timidement à concevoir et fabriquer des moteurs de véhicules ; au milieu de l'année le constructeur signa un contrat avec la société berlinoise Knorr-Bremse et commença à fabriquer des circuits de freinage, notamment pour les applications ferroviaires. La coopération allait bon train et Knorr-Bremse acquit au fil des ans la quasi-totalité de l'entreprise bavaroise. Cependant, en 1922 le département Moteur ne l'intéressant pas outre mesure et la marque BMW fut cédée au financier italo-autrichien Camillo Castiglioni. Il fut l'un des tous premiers actionnaires et il possédait également la BFw (Bayerische Flugzeugwerke), une usine aéronautique bavaroise ; il décida donc de fusionner les deux sociétés, établissant ainsi un centre majeur pour la fabrication aéronautique.

Pour distinguer ses propres activités, Castiglioni décida également de développer le marché du deux-roues, qui

name, and on July 21, 1917 "Bayerische Motorenwerke GmbH" (Bavarian Motors Factory), commonly abbreviated to BMW, saw the light.

But the factory, which had military manufacturing as a single target, was unable to continue its business after The German defeat in the war. When the proscription was revoked early 1919, BMW timidly started designing and manufacturing vehicle engines once more. Half a year later, it signed a contract with the Berlin company Knorr-Bremse, and it began to produce brake systems, especially for railway applications. The cooperation worked and over the years Knorr-Bremse acquired most of the ownership of the Bavarian company. In 1922 however, it sold its Engine Department, which was of little interest, and the BMW brand to the Italo-Austrian financier Camillo Castiglioni. He was one of the very first shareholders and possessed the "Bayerische Flugzeugwerke" or BFw (Bavarian Aircraft Factory) as well. He merged the two companies, hereby establishing an important centre for aeronautics manufacturing.

To distinguish his own activities, Castiglioni also decided to develop the motorcycle market, which was limited to the production of engines for other companies. In September 1923, his first motorcycle model, the R32, made its market entry.

se limitait alors aux moteurs fabriqués pour le compte d'autres sociétés et c'est ainsi qu'en septembre 1923, il fit son entrée sur le marché avec son premier modèle de moto, la R32.

Quant à la fabrication automobile, ses origines sont différentes et en dépit des études effectuées par BMW au fil des ans, elle ne débuta que vers la fin de 1928, avec l'acquisition d'une autre entrepris : la FFE (Fahrzeugfabrik Eisenach - une usine de voitures d'Eisenach). Créée en 1896, elle construisait de petites voitures de la marque Dixi et son dernier modèle, la DA-1, n'était autre que l'Austin Seven britannique produite sous licence à Thuringe.

La Dixi 3/15 DA-1, dont le nom signifiait trois chevaux fiscaux, 15 chevaux réels et première « Deutsche Ausführung » (version allemande, différentes des versions anglaises), devint également la première voiture assemblée et commercialisée sous la marque BMW. C'était une voiture minuscule équipée d'un moteur quatre cylindres de 750 cm3 et une boîte à trois vitesses. Dès le mois d'avril 1929, une nouvelle version fut proposée : la 3/15 DA-2. Munie de freins sur chacune des quatre roues - la DA-1 n'en avait qu'à l'arrière – elle existait en trois modèles : berline deux portes, cabriolet deux places et fourgonnette.

Les premiers pas de BMW dans le domaine automobile furent plutôt tumultueux et incertains, en partie en raison

The car manufacturing however, has a different origin and, in spite of the studies carried out by the same BMW over the years, it began only in late 1928, with the acquisition of an already existing company: the "Fahrzeugfabrik Eisenach" or FFE (Eisenach Car Factory). Established in 1896, it had been building small cars under the Dixi brand since the beginning of the century. Its latest model, the DA-1, was in fact the British Austin Seven produced under license in Thuringia.

The Dixi 3/15 DA-1, the name of which meant 3 taxable horsepower, 15 actual horsepower and the first "Deutsche Ausführung" ("German version", specific compared to English ones), also became the first car assembled and available for sale under the BMW brand name. It was a tiny car with a four-cylinder 750cc engine and three-speed gearbox. By April 1929 it was brought up to date with the 3/15 DA-2, which had brakes on all four wheels (the DA-1 had them only on rear wheels) and was available in three body types: two-door saloon, two-seat convertible and delivery van.

The very first steps of BMW in the automotive field were rather tumultuous and uncertain, partly because of the economic situation. In 1930 the 3/15 DA-3 Wartburg, a sports model with roadster body, low-chassis and 18HP engine, was launched into the market. Unfortunately, at

de la situation économique. En fait, la 3/15 DA-3 Wartburg, un roadster sportif avec châssis bas et moteur 18 CV fut lancée sur le marché en 1930 mais les effets de la crise économique de 1929 commençant à se faire sentir en Europe, ce n'était pas le bon moment pour ce genre de voiture. L'entreprise décida pourtant de continuer dans cette direction et de sortir une nouvelle version en 1931 avec la DA-4, équipée d'une suspension indépendante sur les quatre roues, conçue par BMW. Ce fut la première action concrète pour s'émanciper d'Austin, dont la licence expirait l'année suivante et ne serait pas renouvelée.

En 1932, la 3/15 fut remplacée par la nouvelle 3/20 AM, dont les initiales signifiaient « Automobil München » pour accentuer le fait qu'elle était conçue en Bavière, même si elle était toujours conceptuellement attachée au modèle anglais original. Plus grande et plus puissante que la précédente, elle rencontra un grand succès qui permit à BMW de consolider sa position sur le marché automobile en élargissant la gamme avec un deuxième modèle, commercialisé en 1933. L'augmentation de la taille du châssis et la transformation du moteur quatre cylindres en six cylindres, donna vie à la 303, disponible en version berline ou décapotable. Raffinée et élégante, la première 303 fut non seulement la première BMW six cylindres, mais aussi la première à adopter la calandre

La six cylindres BMW 303 de 1933; c'était la première voiture ayant la grille typique "double-reins" à l'avant.

The six-cylinder 1933 BMW 303; the first car to have the typical "double-kidney" front grille.

en double haricot mythique qui caractérise aujourd'hui encore les voitures du constructeur bavarois.

L'orientation des clients vers des modèles de plus en plus luxueux conduisit à l'apparition de la 315 en 1934. Inspirée de la 303, avec un moteur 1.5 à la place du 1.2, elle fut proposée en différentes variantes décapotables ou berlines, y compris la splendide sportive 315/1, qui établit la présence de BMW dans ce secteur.

Dans un souci constant d'amélioration, la 315 fut actualisée l'année suivante pour devenir les 319 et 319/B, équipées d'un moteur 1.9. Pour élargir la gamme, la 309 fut également ajoutée en 1935 ; une version quatre cylindres 1.2 de la 303. Cependant, les modèles de BMW étaient toujours liés d'une façon ou d'une autre au projet original d'Austin ; c'est pourquoi on entama en 1936 une rénovation complète de l'offre, basée sur la mise au point d'un châssis inédit conçu par l'ingénieur Fritz Fiedler.

the same time the 1929 economic crisis started to affect Europe, which meant a car of that sort was definitely born at the wrong time. The company chose to go ahead in this field though, and updated the car in 1931 with the DA-4, which took a four wheels independent suspension of its own design. It was the first concrete step to disengage from Austin, with whom the licensing agreement would have expired the following year and which was not renewed anymore.

In 1932 the 3/15 was replaced by the new 3/20 AM or "Automobil München", named that way to highlight that it was designed in Bavaria. Still conceptually tied to the original English model, but larger and more powerful than the previous version, it obtained a great success that allowed BMW to consolidate its position in the automotive market by expanding the range with a second model, available for sale in 1933. By increasing the size of the

Une vue panoramique du stand de BMW au Salon de l'Automobile de Berlin en 1934. La voiture à gauche est la 303 tandis qu'au centre il y a deux merveilleuses 315/1.

A panoramic view of the BMW stand at the 1934 Berlin Motor Show. The car on the left is a 303 and in the centre there are two wonderful 315/1s.

En haut : la BMW 328, une voiture de sport innovante avec châssis en armature tubulaire qui a remplacé la 315/1 en 1936.
Page ci-contre : la BMW 315/1 de 1934.

Top: *the BMW 328, an innovative sportscar with tubular-frame chassis that replaced the 315/1 in 1936.*
On the opposite page: *the 1934 BMW 315/1.*

La première voiture de cette nouvelle Série fut la 326, une berline à quatre portes à tendance sportive et très chère, équipée d'un moteur 2 litres dérivé de la 319.

Cette année-là, BMW fut choisie par le gouvernement allemand pour construire un véhicule militaire à quatre roues motrices et quatre roues directrices, fortement inspirée de la Stoewer 40 et de la Hanomag Typ 20B. Ce modèle, la 325, fut produit de 1937 à 1940.

En même temps, BMW décida de renforcer sa présence dans le domaine des voitures de sport haut de gamme, en remplaçant la 319/1 par la superbe 328 : une voiture innovante équipée d'un châssis tubulaire et d'une carrosserie aérodynamique dont la beauté et la modernité étaient incroyables. Conçue pour des clients riches qui recherchaient la performance et la qualité, elle était souvent utilisée en compétition et remporta d'excellents résultats.

Le développement d'une nouvelle gamme suivit en 1937 avec l'arrivée sur le marché de la 327 sportive à empattement court, initialement proposée en décapotable puis l'année suivante en modèle coupé. La 319 fut légèrement améliorée avec la 329, qui reprenait simplement l'avant de la 326, mais le véritable remplacement eut lieu début 1938 avec la 320, basée sur le nouveau châssis de la 326 pour être quelque peu revue et corrigée l'année suivante avec l'apparition du modèle 321.

chassis even further and transforming the engine from four to six cylinders, the 303 was created, which was sold saloon or convertible bodied. Refined and elegant, it was not only the first six-cylinder BMW, but also the first one to adopt the iconic front "double-kidney" grille which still characterizes the Bavarian company cars.

Customer orientation towards more and more luxurious models led to the birth of the 315 in 1934. Issued, in turn, from the 303, with a 1.5 engine instead of a 1.2, it was presented in different varieties with open and closed body, including the splendid 315/1 sports car, which established the presence of BMW in this sector.

Looking for a continuous improvement, the 315 was updated the following year and baptized the 319 and 319/1, with 1.9 motor. To expand the range, a 1.2 four-cylinder version of the 303, the 309, was added the same year.

BMW models were, however, still all related to the original Austin project. But in 1936, a complete renewal of the line was started, based on the development of a totally new chassis, designed by Eng. Fritz Fiedler. The first car of this new series was the 326, a four-door sedan which had a sporting tone, came at a very high cost, and was equipped with a 2-litre engine issued from the 319.

The same year, BMW was asked by the German Government to build a military four-wheel-drive and four-wheel

La six cylindres BMW 326 de 1936.

The 1936 six-cylinder BMW 326.

Le succès commercial croissant de ses propres modèles conduisit finalement BMW à défier Mercedes-Benz sur le segment des voitures de luxe. C'est ainsi qu'une autre variante fut mise au point à partir du châssis habituel, suffisamment allongé pour accueillir un moteur de 3.5 litres et dont la carrosserie était bien large et confortable, donnant naissance à la 335. Lancée sur le marché début 1939, on en attendait beaucoup mais elle arriva elle aussi au mauvais moment. La Deuxième guerre mondiale éclata le 1er septembre et fit reculer radicalement la fabrication automobile allemande, qui s'arrêta complètement en 1941, à l'exception des véhicules à destination militaire. BMW fut forcé de se concentrer sur la fabrication de moteurs pour l'aéronautique, les dernières voitures assemblées étant les 321 destinées aux officiers allemands de la Wehrmacht. À partir de 1940, la production automobile fut suspendue et l'usine d'Eisenach destinée à fabriquer les deux-roues motos militaires R12 et R75.

steering car, closely issued from Stoewer 40 and Hanomag Typ 20B. This model, called the 325, was produced from 1937 until 1940.

At the same time, BMW decided to strengthen its presence in the field of high-level sports cars, replacing the 319/1 with the splendid 328. It was an innovative car with a tubular chassis and an aerodynamic body of incredible beauty and modernity. Designed for wealthy clients, interested in performance and quality, it was often used in competitions and had excellent outturns.

The development of the new range followed in 1937 with the market entry of the short wheelbase sports car 327, offered initially as a convertible and the following year as a coupé as well. The 319 was temporarily upgraded with the 329, which simply took the front part of the 326. But the true replacement came about early 1938 with the 320, which was based on the new chassis of the 326 and was revamped further in the 321 model the following year.

Le cabriolet BMW 327, une version élégante et sport de la 326 avec un empattement plus court. La version cabriolet a été dévoilée en 1937 et le Coupé vint en 1938.

The BMW 327 Cabriolet, an elegant sports version of the 326 with a shorter wheelbase. The open version was unveiled in 1937 and the Coupe in 1938.

The increasing commercial success of its own models finally enabled BMW to defy Mercedes-Benz in the luxury cars field. With this purpose in mind, BMW developed another variation on the usual chassis, suitably lengthened to accommodate a 3.5-liter engine and with a sufficiently wide and comfortable body, giving birth to the 335. Launched with high expectations at the beginning of 1939, it once again arrived at the wrong time. The outbreak of World War II on September 1st of the same year dramatically scaled back the German manufacturing of cars, which ceased completely in 1941, with the exception of vehicles intended for use in the war. BMW was forced to concentrate on manufacturing aeronautics engines, while the last assembled cars were some 321 for German Wehrmacht officers. In 1940, car production was suspended and the Eisenach factory was completely dedicated to military R12 and R75 motorcycles.

En haut : la BMW 321 de 1939, ici dans une version militaire pour les officiers de la Wehrmacht.
Page ci-contre : la grande et luxueuse BMW 335 de 1939.

Top: *the 1939 BMW 321, here in a military version for the Wehrmacht officers.*
On the opposite page: *the big and luxury 1939 BMW 335.*

LA REPRISE DIFFICILE DE L'APRÈS-GUERRE

The difficult post-war revival

Reprendre une activité normale une fois la Seconde guerre mondiale terminée était difficile et la survie même de BMW était fortement compromise. L'usine d'Eisenach se situait dans la zone sous influence soviétique de l'Allemagne et on comprit vite qu'elle ne serait pas restituée. D'autre part, l'usine de Munich était quasiment détruite et, de toute façon elle avait été initialement consacrée à la production des moteurs aéronautiques, une spécialité interdite en Allemagne après la défaite. Les autorités d'occupation interdirent, en particulier à BMW, de produire des véhicules à moteur pour les trois années à venir.

Les ouvriers et les usines qui produisaient autrefois une technologie de pointe se virent contraints de produire des pots puis des vélos. Ce n'est qu'en 1948 que la production

Resuming normal activity after the end of World War II turned out to be hard and the very survival of BMW was at risk. The Eisenach car factory was located in the Soviet influence zone of Germany and it soon became clear that it would never be given back. The Munich plant, on the other hand, was almost completely destroyed and, in any case, originally dedicated to the production of aeronautics engines, a specialty forbidden in Germany after the defeat. Occupation authorities forbade BMW to produce motor vehicles for three years. Factories with workers once producing state-of-the-art technology were restructured to produce pots and then bicycles. It took as long as 1948, before it was possible to restart the production of motorcycles, while the car's future was far from clear yet.

La six cylindres 501 de 1948, la première voiture d'après-guerre de BMW. En raison de sa forme tout à fait complexe elle a été surnommée "Barockengel" (ange baroque).

The 1948 six-cylinder 501, the first post-war BMW car. Due to its quite complex shape it was nicknamed "Barockengel" (baroque angel).

En haut : la BMW 502 huit cylindres de 1954, une version de luxe de la 501.
Page ci-contre, en haut : la 501/3, une évolution en 1953 de la berline classique " Barockengel ", dotée d'une plus grande cylindrée.
Page ci-contre, en bas : le Coupé 1055 502, très élégant, fabriqué par Baur Karrosserie pour BMW.

Top: *the 1954 eight-cylinder BMW 502; a luxury version of the 501.*
On the opposite page, top: *the 501/3, a 1953 evolution of the classic "Barockengel" saloon with increased displacement.*
On the opposite page, bottom: *the very elegant 1055 502 Coupe, made by Baur Karrosserie for BMW.*

de motos fut relancée ; l'avenir de la voiture était encore bien incertain.

D'une part, le directeur technique Kurt Donath essayait de tirer le meilleur parti des seuls actifs restants, les projets de vieux modèles, en proposant aux entreprises étrangères - telles que Ford - d'acheter leur licence de production. D'autre part, le responsable de la conception Alfred Böning, essayait de mettre au point un véhicule très bon marché équipé d'un moteur de moto, la 331, qu'il considérait adaptée à la situation particulièrement difficile dans laquelle l'économie allemande se trouvait. Quant au directeur commercial, Hanns Grewenig, il était convaincu du contraire et pensait que vu la capacité très limitée de l'usine de Munich, il aurait mieux valu produire un modèle de luxe à vendre au prix fort. En fait, même si la 331 avait été un succès, BMW n'aurait pas pu en construire un grand nombre. Ce principe l'emporta et en 1951, à l'occasion du Salon de l'automobile de Francfort, la 501 fit son entrée sur le marché. Le châssis était entièrement neuf et le moteur était une évolution du six cylindres d'avant-guerre. La carrosserie était une impressionnante berline quatre portes équipée à l'arrière de portières à charnières articulées vers l'arrière, conçues par Peter Szymanowski ; un style résolument original qui laissa l'assistance - qui la surnomma « Barockengel » (ange baroque) – plutôt stupéfaite.

On one hand, technical director Kurt Donath was making the most of the only remaining asset, offering the production licenses of old models to foreign companies - such as Ford. On the other hand, Chief of Design Alfred Böning was trying to develop a very inexpensive vehicle with a 331 motorcycle engine, which he believed to be a product suitable for the particularly difficult situation in which the German economy found itself. Sales Director Hanns Grewenig did not agree, believing that, given the very limited capacity of the Munich factory, it would have been better to produce a luxury model to be sold at a high price. In fact, even if the 331 had been successful, BMW would not have been able to build a large number of it.

In 1951, on the occasion of the Frankfurt Motor Show, the 501 made its market entry. The chassis was completely new, while the engine was an evolution of the pre-war six-cylinder. The bodywork was an impressive four-door saloon with rear-hinged back doors, designed by Peter Szymanowski. Nicknamed "Barockengel" (Baroque Angel), it was definitely original in style, and left the audience rather amazed. But starting up production was not simple and the release was delayed until 1952. The fact that BMW was not equipped for body panels and had to have them built at the Baur in Stuttgart and then shipped to Munich for assembling, added to the difficulties.

Lancer la fabrication n'était pas simple et il fallut attendre jusqu'en 1952 ; BMW n'était pas non plus équipé pour réaliser les tôles de carrosserie et dut les faire fabriquer chez Baur à Stuttgart pour être ensuite envoyées à Munich pour le montage.

En 1954, la gamme fut étendue en dédoublant la 501 en 501A - moteur amélioré, et la 501B - moins de garnitures ; dans le même temps on ajoute également la 501 V8 et le modèle de luxe correspondant, la 502, qui abritait un nouveau moteur 2.8 à huit cylindres sous une carrosserie inchangée. L'année suivante l'offre variait davantage avec la 3.2, une 501 V8 avec une cylindrée supérieure. Avec la fin de la fabrication des versions six cylindres en 1958, toute la gamme adopta le nouveau nom commercial : 2.6 et 2.6 Luxus au lieu de 501 et de 502. Les noms changèrent

In 1954, the range was expanded by splitting the 501 into the 501A, which had an improved engine, and the 501B, which was fitted with simplified trims. At the same time BMW issued the 501 V8 and the corresponding luxury model 502, which featured new 2.8 eight-cylinder engines on the same body. The next year the line varied further, with the 3.2, which was a 501 V8 with increased displacement. When production of the six-cylinder versions ended in 1958, the whole range took new trade names: 2.6 and 2.6 Luxus instead of 501 and 502. The names changed again in 1961, when it was decided to write the engine displacement in full: 2600, 2600L, 3200S and 3200L, the latter with the 503's 140 HP engine.

The "Barockengel" initially seemed to ensure BMW with just that minimum of financial autonomy necessary to pur-

Les deux versions de la BMW 503, stylisées par le comte Albrecht von Görtz et fabriquées depuis 1955. *En haut,* la décapotable et *en bas* le Coupé.

The second version of the BMW 503, designed by earl Albrecht von Görtz and built since 1955. Top: *the Convertible and* bottom *the Coupe.*

En haut : l'étonnante BMW 507, une luxueuse sportive avec moteur V8, lancée en 1955 pour concurrencer Mercedes-Benz sur le marché américain. La 507 était dotée une carrosserie de roadster, mais elle était aussi proposée équipée d'un hard-top comme dans l'image *page ci-contre,* qui en faisait un élégant Coupé.

Top: the amazing BMW 507, a luxury sportscar with V-eight engine, launched in 1955 to compete with Mercedes-Benz on the American market. The 507 had a roadster body as a standard, but it could also be fitted with the hard-top shown in the picture on the opposite page, *which made it an elegant coupe.*

sue the idea of the minicar. Rather than develop a project of its own, which would have required significant investments, BMW decided to purchase the production license of the Italian Iso Isetta. Just slightly modified in bodywork and equipped with a single-cylinder 250 motorcycle engine issued from the BMW R25/3, it saw the light on April 1955. It was a very particular two-seater vehicle, characterized by the drop shape, with the two rear wheels very close and a single door on the front. When the German Government changed the law in 1956, making driver's licences unnecessary for cars under 250 cc, BMW increased the Isetta engine displacement to 300, which was the nearest fiscal limit. The BMW 250 and 300 experienced some success, but the unusual design and two-seat capacity formed substantial limits. As BMW did not have the financial resources to develop a new model, a four-seater version was issued. It lengthened the rear end and opted for a conventional rear axle, with the two-cylinder 600 boxer engine of the R67 motorcycle installed between the wheels. The front door oddity remained, while a single door was installed on the right side for the rear seats.

Still in the mid Fifties, US luxury European car importer Max Hoffman pushed BMW to think about a high-performance sports car. According to Hoffman, there was a place in the American market for products situated in be-

encore en 1961, avec l'ajout de la cylindrée : 2600, 2600L, 3200S et 3200L, cette dernière étant équipée du moteur 140 CV de la 503.

La « Barockengel », assura apparemment à BMW l'autonomie financière minimale pour poursuivre l'idée de la voiturette. Plutôt que de développer son propre projet, ce qui aurait exigé des investissements significatifs, on décida d'acheter la licence de production de l'italienne Iso Isetta ; avec une carrosserie légèrement modifiée et adaptée, propulsée par le moteur de moto mono-cylindre 250 de la BMW R25/3. Elle sortit en avril 1955. C'était un véhicule biplace très particulier, caractérisé par une silhouette affaissée, dont les deux roues arrière étaient très rapprochées et avec une seule porte à l'avant. En 1956, le gouvernement allemand modifia la loi sur le permis de conduire ; il n'était désormais plus obligatoire pour les voitures de moins de 250 cm3. Ainsi, BMW fut incitée à augmenter la cylindrée du moteur de l'Isetta à 300 cm3, la limite fiscale la plus proche. Les BMW 250 et 300 connurent un certain succès, mais l'architecture inhabituelle posait des limites considérables, et en outre, deux sièges étaient insuffisants. Néanmoins, n'ayant pas les ressources financières pour créer un nouveau modèle, une nouvelle version à quatre places vit le jour. L'arrière fut rallongé et on choisit un essieu arrière conventionnel, avec le moteur

tween two of the cars that he himself had requested and obtained from other German manufacturers: the little, aggressive Porsche 356 Speedster and the extraordinary and very expensive Mercedes-Benz 300 SL "Gullwing". BMW management was sceptical but, eventually, the perspective of building cars that would add prestige to the brand and the sale of which was fairly sure, convinced it to accept the request.

Advised by the same Hoffman, BMW entrusted the work to freelance stylist count Albrecht von Görtz. For mechanics, Eng. Fiedler had a mandate to use as many as possible existing components, to keep the price down. This project led to the birth of two sports cars. The 503 used the same mechanical base of the 502 3.2 with an engine enhanced to 140 horsepower, but clearly distinguished itself from the 502 Coupé with its new lower and slender body. It was also offered in a convertible version.

The 507 featured similar mechanics but was built on a shortened wheelbase chassis and was fitted with a beautiful roadster body with sinuous and wonderfully harmonious lines. Yet in spite of its extraordinary beauty, the 507 did not have the desired success. Its modest performances compared to competitors and its hefty price, which was almost double from what was initially announced, strongly limited sales.

Pour faire face à la crise financière, en 1955, BMW se mit à fabriquer des microvoitures peu coûteuses. *Dans les images,* l'Isetta 250 avec un moteur de moto, fabriqué sous licence par la société italienne Iso.

To face the financial crisis, in 1955 BMW started building low-cost microcars. In the pictures, the Isetta 250 with motorcycle engine, made under license of the Italian company Iso.

bi-cylindre 600 Boxer de la moto R67 installé entre les roues. Curieusement, la porte à l'avant fut maintenue, tandis que qu'à l'arrière une seule porte sur le côté droit permettait d'accéder aux sièges.

Toujours au milieu des années cinquante, BMW fut poussée par Max Hoffmann, importateur américain de voitures de luxe européennes, à envisager une voiture de sport hautes performances. Selon Hoffman, il y avait de la place sur le marché américain pour un produit venant se placer entre deux des voitures qu'il avait lui-même demandées et obtenues auprès d'autres fabricants allemands : la petite Porsche agressive 356 Speedster et la fastueuse et très onéreuse Mercedes-Benz 300 SL « Gullwing ». La direction de BMW était sceptique mais la perspective de construire des voitures qui redoreraient le blason de la marque et dont la vente était relativement assurée, la convainquit d'accéder à ces demandes et, sur les conseils d'Hoffman lui-même, confia le travail au styliste indépendant Albrecht von Görtz. Pour la mécanique, cependant, l'ingénieur Fiedler devait utiliser autant que faire se peut les composants existants, dans un souci d'économie. De ce projet naquirent deux voitures de sport. L'une était la 503, utilisant la même base mécanique que la 502 3.2 avec un moteur porté à 140 CV, mais qui se distinguait nettement de la 502 Coupé par sa nouvelle carrosserie plus basse et élancée, égale-

Despite the heightened price, BMW found itself building its sports cars at a loss and this, combined with the poor sales of microcars, brought the company very close to bankruptcy.
The only valid proposal, which was then brought to the Board of Directors, seemed to be that of an acquisition by Mercedes-Benz.

Page ci-contre, en haut : la BMW 300, une évolution lancée en 1956 après le nouveau règlement sur le permis de conduire introduit en Allemagne cette année là.
Page ci-contre, en bas : les BMW 600 quatre places de 1957.

On the opposite page, top: *the BMW 300, an evolution launched in 1956 after the new regulation for driving-licenses was introduced in Germany that year.*
On the opposite page, bottom: *the 1957 4-place BMW 600.*

ment propsée en version décapotable. L'autre était la 507, qui utilisait une mécanique semblable mais sur un châssis à empattement raccourci, qui alliait une belle carrosserie de roadster avec des lignes ondulées et merveilleusement harmonieuses. Néanmoins, malgré sa beauté extraordinaire, la 507 ne rencontra absolument pas le succès escompté : des performances générales modestes par rapport à ses concurrentes et un prix deux fois plus élevé que celui annoncé initialement limitèrent fortement les ventes. En dépit de l'augmentation des prix, BMW construisait ses voitures de sport à perte et, ceci ajouté aux faibles ventes des voiturettes, la menait tout près de la faillite.

La seule proposition valide qui avait été présentée au Conseil d'administration, semblait être celle d'une acquisition par Mercedes-Benz.

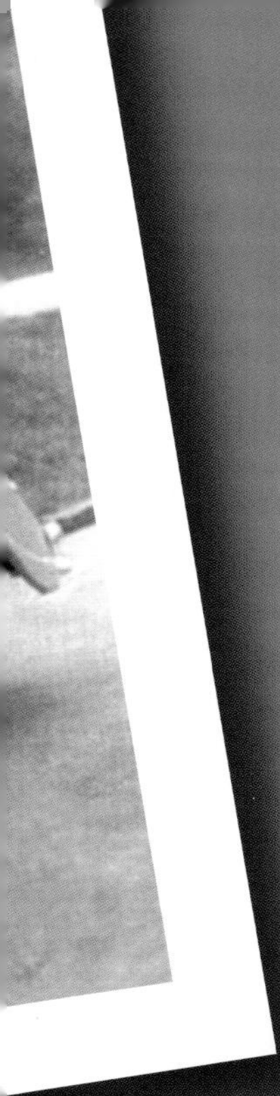

EMW, BRISTOL ET GLAS :
TROIS HISTOIRES
DANS L'HISTOIRE

EMW, Bristol and Glas:
three stories
into the story

À la fin de la Seconde guerre mondiale, la Thuringe, région où se trouvait l'usine BMW d'Eisenach, fut entièrement placée sous le contrôle de l'Union soviétique et devint partie intégrante de la République démocratique allemande. L'usine, qui bien que fortement endommagée pouvait encore fonctionner, passa directement au SMAD (administration soviétique des territoires occupés) et la gestion fut confiée à la Société d'État Awtowelo. Même si durant les années de conflit la fabrication se limitait aux motos, tout l'outillage pour la fabrication de voitures était présent dans l'usine ; et dès la fin 1945 le montage de la BMW 321, identique au modèle d'avant-guerre, reprit, suivi l'année suivante par le montage de la 326 et de la 327.

En 1948, la carrosserie de la 326 fut grandement modifiée, donnant naissance à la nouvelle 340. Malgré une allure plutôt séduisante et moderne, la mécanique était quasiment la même qu'avant la guerre. La véritable innovation survint en 1951 avec l'ajout d'une gamme complète d'utilitaires : la 340-7 break cinq portes, l'ambulance 304-4 et la fourgonnette 340-3. Sur la même base, BMW Eisenach conçut également un modèle tout-terrain 325-3 pour la Police du peuple.

Cependant, la confusion de la marque créa bien des problèmes pour BMW Munich, qui recevait continuellement des plaintes pour des problèmes de qualité de la part d'ache-

At the end of World War II, the entire region of Thuringia, where the Eisenach BMW factory was located, was assigned to Soviet Union control and became part of the German Democratic Republic. The factory, which although heavily damaged was still able to work, fell directly under the SMAD (Soviet administration of the occupied territories) and its management was entrusted to the State Company Awtowelo. Even though the production was limited to motorcycles during the conflict, all the tools needed for car production were present. Late 1945 the assembly of the BMW 321 was restarted. It was identical to the pre-war model, and was followed by the 326 and the 327 the next year.

In 1948 the 326 was heavily updated in bodywork, giving birth to the new 340. In spite of its sufficiently attractive and modern appearance, mechanics were substantially the same they were before the war. The most significant innovation followed in 1951, with the addition of an entire range of utility car models, the 340-7 estate five doors, the 304-4 ambulance and the delivery van 340-3. On the same basis, the Eisenach-based BMW also realized some off-road type 325-3 for police duties.

The confusion concerning the brand name however, created more than a few problems for Munich BMW, which continuously received complaints about quality problems

À gauche, en haut : la BMW 340 de 1948, construite en Allemagne de l'Est après la guerre avec les outils de production de la vieille 326.
À gauche, en bas : lla EMW 327/2 de 1952.
En bas : une publicité suédoise pour l'EMW 340/2. Pour l'exporter en Europe de l'Ouest, la RDA dut renoncer à la marque BMW, qui était employée illicitement.

Top left: *the 1948 BMW 340, built in East-Germany after the war using the production tools of the old 326.*
Bottom left: *the 1952 EMW 327/2.*
Bottom: *a Swedish ad of the EMW 340/2. To export it in Western Europe the DDR had to renounce to the BMW brand, which was used illicitly.*

À gauche, en haut : la Bristol 400, lancée en 1947 en exploitant quelques composantes des BMW d'avant-guerre 326, 327 et 328, dont la conception avait été donnée aux Anglais comme dédommagement de guerre.
À gauche, en bas : la Bristol 401 de 1948.

Top left: *the Bristol 400, launched in 1947 using some parts of the pre-war BMW 326, 327 and the 328, the design of which was given to the British as war compensation.*
Bottom left: *the 1948 Bristol 401.*

teurs de voitures assemblées à l'usine Eisenach qui, afin de remettre en marche sa propre production, dut clarifier la situation. L'utilisation de l'outillage et des conceptions hérités de la victoire sur l'Allemagne était en fait assez légitime d'un point de vue légal, mais il en était autrement pour ce qui était de garder la marque BMW. La société bavaroise dut concéder ses propriétés à titre de réparations de guerre, mais continuait à exister en tant que personne morale et son nom était protégé par la législation internationale. Cependant, les réclamations des avocats de BMW Munich étaient inlassablement ignorées par les Soviétiques et on ne sortit de l'impasse qu'en 1952 lorsque la gestion de l'usine d'Eisenach passa du SMAD au gouvernement de la RDA. Ce dernier ayant prévu de continuer ses exportations vers les pays d'Europe occidentale ne pouvait ignorer l'arrêt prononcé par le tribunal à la fin de 1950 et préféra éviter la polémique en changeant le nom de la marque en EMW, Eisenacher Motorenwerk (usine de moteurs d'Eisenach), et en remplaçant simplement le blanc et le bleu bavarois par le blanc et le rouge de Thuringe. La production continua cependant jusqu'en 1955 avec les EMW 340 et 327, après quoi l'usine changea à nouveau la marque pour AWE (Automobilwerk Eisenach) et démarra l'assemblage des voitures Wartburg, qui allaient devenir un grand classique de l'Allemagne de l'Est.

from buyers of the cars assembled in Eisenach. In order for Munich BMW to be able to restart car production itself, the matter needed to be clarified. The use of tooling and designs gained because of the victory over Germany was, in fact, quite legitimate from a legal point of view, but the decision to keep the BMW name was not. The Bavarian company had to remise its properties as war compensation, but it continued to exist as a legal entity and its name was protected by international laws. The Munich BMW lawyers' claims, however, remained ignored by Soviets and the deadlock broke only in 1952, when management of the Eisenach factory passed from SMAD to DDR Government. The latter, which really wanted to continue its exports to Western Europe countries, could not ignore the sentence pronounced by a court late 1950 and preferred to settle the controversy by changing its brand name into EMW or "Eisenacher Motorenwerk" (motors factory of Eisenach), simply replacing the Bavarian white and blue with Thuringia's white and red. Production continued until 1955 with the EMW 340 and 327. After that, the factory was renamed again, taking the brand name AWE ("Automobilwerk Eisenach"). It started assembly of the Wartburg cars, destined to become a great classic of East-Germany. On the Western side, at the same time, the projects of BMW cars were also given as war compensation, this

Pendant ce temps, côté occidental, les projets des voitures BMW furent également cédés en guise de réparations de guerre, cette fois à l'Angleterre et au profit de la société d'aéronautique BAC qui saisit l'opportunité de diversifier ses intérêts en entrant dans le monde automobile avec la nouvelle marque Bristol. La première voiture, la 400, fit son entrée sur le marché en 1947 avec le meilleur de BMW: le moteur six cylindres de la 328, le châssis de la 326 et la carrosserie inspirée de la 327.

La nouvelle société remporta un certain succès et dès l'année suivante mit à jour ses produits avec la berline 401, dont s'inspira la décapotable 402 en 1949. La mécanique BMW fut utilisée bien longtemps après, avec la voiture de sport 404 en 1953 et la nouvelle génération appelée 405 lancée en 1955. La dernière série de voitures britanniques tirant profit de la conception allemande fut la Bristol 406,

time to England. The benefits of this deal were reaped by aeronautics company BAC, which had the opportunity to diversify its interests by entering into the car world with the newborn brand Bristol. The first car, the 400, made its market entry in 1947 and took what was the best of the BMW 'booty': the six-cylinder engine of the 328, the chassis of the 326 and 327-inspired bodywork.

The new company achieved a certain success and the following year updated its products with the 401 Saloon, from which the 402 Convertible was issued in 1949. BMW provenance mechanics were used much longer, with the 404 sports car in 1953 and the new generation called 405, entering the market in 1955. The latest series of British cars taking advantage of German design was the Bristol 406, produced from 1958 to 1961, whereupon the company shifted to use Chrysler mechanics.

Page ci-contre : quatre voitures faites par la marque anglaise Bristol exploitant la conception d'avant-guerre de BMW. *Dans le sens des aiguilles d'une montre, à partir d'en haut à gauche,* la 502 de 1949, la 403 de 1951, la 405 de 1955 et la 406 de 1958. Après ce modèle, Bristol adopta la technologie du constructeur Chrysler.

On the opposite page: *four cars made by the English brand Bristol exploiting the pre-war BMW design.* Clockwise, from top left: *the 1949 502, the 1951 403, the 1955 405 and the 1958 406. After this model, Bristol began to use Chrysler mechanics.*

45

En haut : la BMW 1600 GT. Lancée sur le marché en 1967, construite sur la base de l'ancien coupé Glas 1300/1700, équipé du moteur de la BMW 1600-2.
Page ci-contre : la BMW 3000 V8 de 1967; c'était simplement le Glas V8 mis à jour après que la société basée à Dingolfing ait été acquise par BMW.

Top: *the BMW 1600 GT. Marketed in 1967, it was basically the former Glas 1300/1700 Coupé fitted with the engine from the BMW 1600-2.*
On the opposite page: *the 1967 BMW V8 3000; it was simply the Glas V8 updated after the Dingolfing-based company was acquired by BMW.*

produite de 1958 à 1961, après quoi la société préféra faire appel à la mécanique de Chrysler.

Au milieu des années soixante, l'histoire de BMW croisa celle d'un autre constructeur allemand : Glas. Cette entreprise établie depuis 1895 à Pilsting en Bavière en tant qu'atelier de réparations construisait depuis 1905 des machines agricoles dans l'usine de Dingolfing. Après la lourde crise qui succéda à la Seconde guerre mondiale, elle essayait, comme la quasi-totalité des industries allemandes, de changer sa gamme de produits en proposant des machines à pétrin pour les boulangeries. Au début des années cinquante, elle revint aux véhicules à moteur avec des scooters, des trois roues, et finalement la voiturette « Goggomobil ». La production automobile connut un essor au début des années soixante avec l'introduction de la Série 04 : la berline S 1004, puis la décapotable et des versions plus puissantes S 1204 et S 1304, et enfin les breaks 1004 CL et 1304 CL.

Glas connaissait une croissance de plus en plus rapide et lança deux modèles inédits en 1962 : le Coupé 1300 GT, ensuite disponible en décapotable, conçu par le concepteur italien Pietro Frua, et la berline 1700, qui était la concurrente directe de la BMW 1500.

En 1966, la gamme fut complétée par la GT de luxe, la 2600 V8 conçue par Frua, propulsée par un moteur V8

Mid Sixties, BMW's history crossed with that of another German car producer: Glas. Established in 1895 in Pilsting, Bavaria, as a repair workshop, it had been building farm machinery in the Dingolfing factory since 1905. After the Second World War it had gone into heavy crisis, as virtually all German industries, and it was trying to convert by producing kneading machines for bakeries. From the beginning of the Fifties, it ventured back into the motoring field with scooters, three-wheelers, and the minicar Goggomobil. Car production was significantly expanded in the early Sixties with the 04 Series introduction: the S 1004 Saloon, the convertible model and the more powerful engines S 1204 and S 1304, and finally the estate cars 1004 CL and 1304 CL.

In 1962 Glas brought out two more brand-new models: the 1300 GT coupé bodied, later a convertible as well, designed by the Italian designer Pietro Frua; and the 1700 saloon, which became a direct competitor of the BMW 1500.

In 1966, the range was completed with the release of a luxury GT, the 2600 V8 designed by Frua, fitted with a brand new V8 engine obtained by joining two 1304's units. All this effort demanded an over-investment, which was difficult to retrieve in a short time, and caused for a crisis within Glas. BMW, which was the main competi-

flambant neuf obtenu par le couplage de deux moteurs de 1304. Cet effort exigea un surinvestissement difficilement récupérable à court terme et Glas se trouva dans une situation difficile. BMW, son concurrent principal, qui cherchait à ce moment-là à construire une nouvelle usine car la production de la berline Neue Klasse saturait celle de Munich, décida d'acheter la marque et l'usine. En août 1966, Glas passa aux mains de BMW et une partie de la gamme de voitures fut intégrée à celle de Munich.

La production de la Série 04 continua jusqu'à la fin de l'année 1967, sauf la CLs, qui survécut jusqu'au printemps suivant, conservant toujours le logo de Glas. En revanche, la 1700 fut vendue jusqu'aux années soixante-dix en Afrique du Sud comme modèle BMW SA 1800 tandis que la GT fut transformée en BMW 1600 GT en héritant de la transmission de la 1600-2. La belle V8 fut elle aussi mise à jour et présentée en 1967 comme BMW V8 3000 ; elle aurait dû remplacer l'infortunée 3200 CS mais ne put se faire un nom par elle-même et fut vite retirée de la production en 1968.

tor and, at that very moment, should have had to build a new plant because the production of the "Neue Klasse" saloons was saturating the Munich plant, decided to buy both brand and factory. In August 1966, Glas came under BMW control and part of its car range was integrated.

Production of the 04 Series continued until the end of 1967, with the exception of the CLs, which survived until next spring, still maintaining the Glas badge. The 1700 was sold until the Seventies in South Africa as BMW 1800 SA, while the GT was transformed into the BMW 1600 GT taking the powertrain of the 1600-2. The beautiful V8 was also updated, and was presented again in 1967 as BMW V8 3000. It should haven take the place of the ill-fated 3200 CS, but failed to make a name for itself and went out of production in 1968.

LES BAVAROIS
EN COSTUME ITALIEN

The Bavarians
in Italian suit

À la fin des années cinquante, BMW se trouvait à nouveau au bord de la faillite : les voitures de sport s'étaient avérées être un gouffre financier sans fond. La « Barockengel » était dépassée et les voiturettes ne trouvaient pas leur place sur le marché. Une partie des actionnaires cependant, désapprouvaient la fusion avec Mercedes-Benz et encouragèrent le Comité administratif à prendre son temps.

En attendant, pour parer au succès modeste de la 600 - attribué à son architecture peu commune - une tentative ultime fut entreprise et on la transforma en petite berline. La tâche fut confiée à l'un des plus grands concepteurs de l'époque, l'italien Giovanni Michelotti. Les résultats dépassèrent toutes les espérances. La BMW 700, lancée en 1959, reçut un accueil plus que positif sur le marché ; ceci poussa un des actionnaires principaux, le fabricant Herbert Quandt,

In the late Fifties, BMW was on the verge of bankruptcy once more: the sports cars had proven themselves a bottomless abyss, the "Barockengel" was old by now and the microcars were failing to establish themselves. A part of the shareholders, however, disagreed to the merging with Mercedes-Benz and pushed the Administrative Committee to take time.

Meanwhile, to benefit from the 600's modest success -attributed to the overly unusual design- an extreme attempt was made to turn it into a small saloon. Entrusted with this task was one of the greatest designers of those times, the Italian Giovanni Michelotti, and the result exceeded every expectation.

The BMW 700, released in 1959, received a more than positive welcome by the audience. This convinced one of the

La BMW 700, dessinée par le célèbre designer italien, Giovanni Michelotti, il a apporté une contribution essentielle en sauvant la société de la faillite.

The BMW 700. Drawn by the famous Italian car-stylist Giovanni Michelotti, it made a very important contribution in saving the company from bankruptcy.

À gauche : le Coupé BMW 700 de 1959.
Page ci-contre : la version cabriolet de la petite BMW 700, lancée en 1960.

Left: *the 1959 BMW 700 Coupe.*
On the opposite page: *the Cabriolet version of the small BMW 700, launched in 1960.*

La BMW 1500 de 1961 "Nouvelle Classe".
Dessinée par Giovanni Michelotti, elle permit
à la marque bavaroise de rentrer à nouveau
dans le segment de la berline de milieu de
gamme.

The 1961 BMW 1500 "Neue Klasse". Drawn
by Giovanni Michelotti, it allowed the Bavar-
ian brand to re-enter the mid-high saloon
segment.

BMW " Nouvelle Classe" tout à fait réussie bientôt, rejointe par la 1500 (*dans l'image*). La gamme fut élargie avec la 1800 et la 1600, également lancées sur le marché.

The BMW "Neue Klasse" was quite successful and soon the range was widened: beside the 1500 (in the picture) the 1800 and the 1600 were marketed as well.

à augmenter sa part d'actions dans la société à plus de cinquante pour cent, assurant de ce fait in extremis les fonds nécessaires à la reprise.

Tout ceci permit à BMW d'élargir rapidement sa propre gamme, en revenant aux voitures haut de gamme. À l'occasion du Salon de l'automobile de Francfort en 1961 deux nouveaux produits furent présentés. Le premier, qui n'avait rien à voir avec la production précédente, était la dénommée « Neue Klasse » (nouvelle classe), à savoir une gamme de berlines milieu et haut de gamme commençant par la 1500 ; elle était équipée d'un moteur quatre cylindres moderne et sa carrosserie était à nouveau signée Michelotti. La deuxième nouveauté, prévue pour remplacer l'infortunée 503, était le Coupé 3200 CS qui était une sorte de transposition sportive de la vieille plate-forme de la 501 avec une carrosserie attrayante conçue par Bertone.

La Neue Klasse remporta le succès escompté et fut, comme prévu, développée en une gamme de voitures : en 1963, la berline quatre portes, en 1964, la 1600 à la place de la 1500 et, sur demande d'Hoffman, en 1966, la berline sportive 1600-2 à deux portes.

Pendant ce temps, en 1965, la 3200 CS fut aussi remplacée par un nouveau Coupé moderne basé sur la Neue Klasse et propulsé par une autre évolution du moteur, boosté à deux litres. Elle fut proposée dans les versions 2000 et

main shareholders, manufacturer Herbert Quandt, to increase his share in the company to over fifty percent, thereby ensuring the necessary funds for an in extremis revival.

All of this allowed BMW to rapidly expand its own range, returning to the higher segment. At the Frankfurt Motor Show in 1961 two different new products were issued.

The first, which had nothing in common with the previous models, was the so-called "Neue Klasse" (new class), a line of medium-high level saloons beginning with the 1500. It featured a modern four-cylinder engine with a body designed by Michelotti. The second novelty, intended to replace the ill-fated 503, was the Coupé 3200 CS, an attempt to make a sports version out of the old 501 platform with the use of an attractive body designed by Bertone.

The Neue Klasse achieved the desired success and was soon expanded, as originally planned, to a family: in 1963 the four-door saloon, in 1964 the 1600 instead of the 1500 and, on request of the "usual" Max Hoffman, in 1966 the two-door sporting saloon 1600-2.

Meanwhile, in 1965 the 3200 CS had been replaced by a new and modern coupé based on the Neue Klasse, fitted with a new engine version, which brought up to two litres displacement. It was sold in 2000 and 2000 CS versions, respectively 100 and 120 horsepower, both bodied by the German specialist Karmann.

En haut : la BMW 700 LS, présentée en 1963, à empattement rallongé pour la rendre plus spacieuse.
Page ci-contre : la BMW 3200 CS de 1961 : renouvellement profond des anciennes 501 avec une carrosserie fabriquée par Bertone.

Top: *the extended-wheelbase BMW 700 LS introduced in 1963 to make it more spacious.*
On the opposite page: *the 1961 BMW 3200 CS; it was a renewal of the former 501 with a body built by Bertone.*

À gauche : la berline BMW 1800 de 1963.
Page ci-contre : la BMW 2000 C de 1965, version Coupé de la "Nouvelle Classe" avec une carrosserie fabriquée par Karmann.

Left: *the 1963 BMW 1800 saloon.*
On the opposite page: *the 1965 BMW 2000 C, the coupe version of the "Neue Klasse" with a body built by Karmann.*

2000 CS avec respectivement 100 et 120 CV, toutes deux carrossées par le spécialiste allemand Karmann.

En 1966, le même moteur fut utilisé pour la 2000 et la 2000 Ti, deux versions d'une berline hautes performances, qui confirmait combien la marque BMW consolidait sa présence sur un segment de plus en plus cher et exclusif. En 1968, la version Tii fut également proposée ; il s'agissait-là de la première voiture du constructeur bavarois à être équipée de l'injection mécanique de carburant.

Toujours la même année, la marque fit un grand pas en élargissant la gamme avec la dénommée « Neue Sechs » (nouvelle six), basée sur le châssis habituel, mais avec un nouveau moteur six cylindres et une carrosserie toute

In 1966, the same engine was used in the 2000 and 2000 Ti, two versions of a high-performance saloon which confirmed how much the BMW brand was reaffirming itself by now in the expensive and exclusive market segment. In 1968, the Tii version was also released, the first car of the Bavarian producer to adopt mechanical fuel injection.

Still in the same year, a new step was taken, by expanding the range with the so-called "Neue Sechs" (new six). It was based on the usual chassis, but had a new six-cylinder engine and brand new body designed by Michelotti and built by Karmann.

This model also marked the beginning of a new numbering system formed by the letter "E" and a number. We will

La BMW 1600-2, première version à deux portes de la "Nouvelle Classe", dévoilée en 1966.

The BMW 1600-2, the first two-door version of the "Neue Klasse", unveiled in 1966.

La BMW 2000 de 1966, une berline à haute performance qui exploita le même moteur six cylindres que le Coupé.

The 1966 BMW 2000, a high-performance saloon that exploited the same six-cylinder engine of the coupe.

Au-dessus : la 2002 Ti (Touring International), version sport.
Page ci-contre : la BMW 2002 était la dernière évolution de la " Nouvelle Classe", dévoilée en 1968. Elle a utilisé la même carrosserie deux portes que la 1600-2, avec le moteur six cylindres de la 2000.

Top: *the sport version 2002 Ti (International Tourism).*
Left: *the BMW 2002 was the last evolution of the "Neue Klasse", unveiled in 1968. It used the same two-door body of the 1600-2, fitted with the six-cylinder engine of the 2000.*

use it in this book too, to distinguish different cars, which often have repetitive names because of their link to engine displacement. The "Neue Sechs" distinguish themselves by the mark "E3".

Together with the 2500 and 2800 saloons, the beautiful Coupé 2800 CS (E9) was created.

The last important evolution of the Neue Klasse was the 2002, a refined sports car that was born from the union of the 1600-2 two-door body with the powerful engine of the 2000. Marketed since 1968, it was available in two models: standard and Ti (Turismo internazionale).

Since 1971 it was also offered in 1802 and 2002 Tii injection versions - the latter undoubtedly being one of the most important models of BMW history and most beloved by fans.

The lucky career of the Neue Klasse ended in 1972 where the saloons were concerned and in 1977 for the "02".

In 1971 the experiment of the "Touring" models was made. But these sportsmanlike three-doors estate cars were far too futuristic for their times and little appreciated by customers. The following year the fascinating and ill-fated 2002 Turbo 170 horsepower entered into production.

BMW's first supercharged model was technologically state-of-the-art, but born at the dawn of the oil crisis.

The Neue Sechs continued until the second half of the Sev-

La BMW 2800 CS Coupé de 1968, stylisée par Michelotti et construite par Karmann.

The 1968 BMW 2800 CS coupé, styled by Michelotti and built by Karmann.

neuve conçue à nouveau par Michelotti et construite par Karmann. Ce modèle vit également le commencement d'un nouveau système de numération composé de la lettre « E » suivie d'un numéro ; nous l'emploierons aussi dans ce livre pour distinguer les différentes voitures, qui ayant une dénomination liée à la cylindrée, ont souvent des noms identiques. La Neue Sechs se distinguait par la marque « E3 ».

En même temps que les berlines 2500 et 2800, le Coupé 2800 CS (E9) vit le jour.

La dernière grande évolution de la Neue Klasse fut la 2002, une voiture de sport raffinée issue du mariage de la carrosserie de la 1600-2 deux portes avec le puissant moteur de la 2000. Lancée sur le marché en 1968, elle était disponible en deux versions : standard et Ti (Turismo Internazionale) et à partir de 1971 en 1802 et 2002 Tii injection. Cette dernière est sans aucun doute l'un des

enties. The range was updated in 1971-72 with the saloons 3.0 S and 3.0, the coupé 3.0 CS and CSi and the new lightened coupé (with aluminium bonnets and doors and Perspex windows) 3.0 CSL and 3.0 CSLi. In 1973, the saloon long-wheelbase 3.3 L was finally presented.

La BMW 1800 "Touring", avec un nouveau type de carrosserie à trois portes, lancée en 1971 pour les voitures de la "Nouvelle Classe".

The BMW 1800 Touring, a new type of three-door body launched in 1971 for the "Neue Klasse" cars.

La BMW 2002 Tii de 1971, évolution extrême de la voiture sportive bavaroise classique avec moteur à injection mécanique.

The 1971 BMW 2002 Tii, an extreme evolution of the classic Bavarian sportscar with mechanic-injection engine.

À gauche, en haut : la BMW 3000 CSi à injection, lancée en 1971.
À gauche, en bas : la BMW 3000 CSL, version allégée par des portes en aluminium et avec le capot du Coupé "Nouvelle Six".
Page ci-contre : la puissante BMW 2002 Turbo, fabriquée en 1973.

Top left: *the BMW 3000 CSi with fuel-injection, unveiled in 1971.*
Bottom left: *the BMW 3000 CSL, a lightened version with aluminium doors and hoods of the "Neue Sechs" coupe.*
On the opposite page: *the powerful BMW 2002 Turbo made in 1973.*

modèles les plus marquants de l'histoire de BMW, le plus apprécié des passionnés.

La carrière réussie de la Neue Klasse s'acheva en 1972 pour les berlines et en 1977 pour les « 02 ».

En 1971 on tenta également l'expérience des modèles « Touring », à savoir des breaks à trois portes, bien trop futuristes pour l'époque et peu appréciés par les clients. L'année suivante, la 2002 Turbo 170 CV – fascinante mais incomprise - fut produite ; il s'agissait du premier modèle BMW suralimenté, technologiquement à la pointe, mais né à l'aube de la crise pétrolière.

La Neue Sechs vécut un peu plus longtemps, jusqu'à la deuxième moitié des années soixante-dix. La gamme fut mise à jour en 1971-72 avec les berlines 3.0 S et 3.0, le Coupé 3.0 CS et CSi et les nouveaux Coupé 3.0 CSL et 3.0 CSLi allégés (capots et portes en aluminium et fenêtres en Perspex). En 1973, la berline 3.3L à empattement long fut finalement proposée.

À LA POURSUITE
DU PROGRÈS
TECHNOLOGIQUE

*The chase
to technological
progress*

La BMW Série 5 remplaça en 1973 la " Nouvelle Classe"; le nom signifiait la cinquième famille de voiture conçu après la guerre mais plus tard représenta toutes les berlines milieu et haut de gamme.
À gauche, une 520 à quatre cylindres et *en haut* une 528 à six cylindres.

In 1973 the BMW 5 Series replaced the "Neue Klasse". The name referred to the fact that it was the fifth car family designed after the war but later it came to stand for all the mid-high class saloons.
Left: a four-cylinder 520. Top: a six-cylinder 528.

Au début des années soixante-dix, BMW décida de renouveler la gamme la plus glorieuse, celle qui lui permit de laisser derrière elle la crise financière et de se placer sur le segment moyen et haut de gamme du marché automobile.

Puis, en 1972, la nouvelle « 5er Reihe » (Série 5) E12 fut lancée à la place des berlines Neue Klasse. Au départ, la dénomination indiquait simplement qu'il s'agissait de la cinquième famille de voitures construites depuis la guerre, mais elle s'avéra être efficace au niveau commerciale et BMW décida de la conserver, suivie du numéro identifiant la typologie des véhicules. Les versions simples se distinguaient par l'ajout de la cylindrée du moteur divisé par 100. La nouvelle série incluait initialement uniquement les berlines 520 et 520i, mais l'année suivante on ajouta la 520/6, la 525, la 528 six cylindres, et la 518 plus abordable. Elles avaient toutes une carrosserie identique à celle des berlines quatre portes inspirées du prototype Garmisch de BMW, conçue par le directeur du Centro Style Bertone (Bureau de style Bertone), Marcello Gandini. Cependant, le nouveau patron du style de BMW, le français Paul Bracq, déjà auteur dans les années soixante de magnifiques modèles Mercedes-Benz, tels que la célèbre « pagode » - qui venait de replonger dans le monde automobile après avoir conçu le TGV - transforma en profondeur les modèles de production.

At the dawn of the Seventies, BMW had successfully renewed its range of greatest successes, had permanently survived the financial crisis and had established itself on the medium-high segment of the car market.

In 1972, instead of the Neue Klasse saloons, the new "5er Reihe" (5 Series) E12 entered the market. Initially the denomination was simply to indicate that it was the fifth family of cars manufactured in the post-war period, but at that time it was valid at an advertising level too. This is why the BMWs still maintain this type of classification, with the number identifying their typology. Single versions are distinguished by having the number followed by the engine displacement divided by 100.

The new series initially included only the saloons 520 and 520i, but the following year the 520/6, 525 and 528 six-cylinder and the cheaper 518 were added. All adopted the same four-door saloon body inspired by the BMW Garmisch prototype designed by Marcello Gandini, the Director of the Centro Stile Bertone (Bertone Style Centre). But the production models were deeply updated by BMW's new Chief of Design, the Frenchman Paul Bracq, who in the Sixties authored some gorgeous Mercedes-Benz models, such as the famous "Pagoda", and who had just returned to the car industry after having designed the TGV high-speed train.

En haut : la BMW 635 CSi, évolution extrême de la Série 6 avec un moteur de 200 CV à injection électronique.

Page ci-contre, à gauche : la BMW Série 3 lancée en 1975; en haut la 318 et en bas la 316.

Page ci-contre, en haut à droite : le Coupé 630 CS, version de sport basée sur la plate-forme de la Série 5, dévoilée en 1975.

Page ci-contre, en bas à droite : la BMW Série 7, qui a remplacé la "Nouvelle Six" en 1977.

Top: the BMW 635 CSi, extreme evolution of the 6 Series with a 200 HP electronic fuel-injection engine.

On the opposite page, left: the BMW 3 Series, launched in 1975; top: the 318 and bottom the 316.

On the opposite page, top right: the coupe 630 CS, sport version based on the 5 Series platform, unveiled in 1975.

On the opposite page, bottom right: the BMW 7 Series, that replaced the "Neue Sechs" in 1977.

L'étonnante BMW M1 à moteur central, stylisée par Giorgetto Giugiaro. Elle a été produite à peu d'exemplaires entre 1978 et 1981.

The amazing mid-engined BMW M1, styled by Giorgetto Giugiaro. It was built in only a few units between 1978 and 1981.

L'étape suivante consistait à améliorer l'offre dans le segment inférieur, en remplaçant les « 02 » par une nouvelle famille : la Série 3 (E21). Dans ce cas, ce n'étaient plus des voitures dérivées des berlines quatre portes, elles étaient inédites et légèrement plus petites. Les premiers modèles, lancés en 1975, furent la 316, la 318, la 320 et la 320i, suivies par des six cylindres plus sportives, la 320/6 et la 323i et la 315 économique, née après la crise pétrolière.

La Série 5 servit plus tard de source d'inspiration pour un modèle Coupé, la Série 6 (E24). Il arriva sur le marché en 1976 en version six cylindres, la 630 CS et 633 CSi. Même s'il avait la même mécanique de base que la berline, sa carrosserie était inédite, élancée et agressive. En 1978, la puissante 635 Csi vint s'ajouter, et l'année suivante, le modèle de base devenait la 628 CSi.

Les dernières voitures de la génération précédente, la Neue Sechs, furent remplacées en 1977 par la Série 7 (E23) qui représenta en tous points un pas en avant pour la marque BMW dans le monde des voitures de luxe. Inspiré de la Série 6 au niveau du style, c'était un nouveau modèle qui représentait la plus grande évolution technologique du moment, offrant des options innovantes comme l'ordinateur embarqué et l'ABS. La Série 7 était disponible dans les versions 728, 730 et 733i, toutes propulsées par six cylindres. Cependant, la concurrence de la « S-class » de

The next step was to upgrade the range in the lower segment, replacing the "02" with a new family: the 3 Series (E21). These were not cars derived from the four-door saloons anymore, but completely new models, slightly decreased in dimensions. The first, brought out in 1975, were the 316, the 318, the 320 and the 320i, followed by the six-cylinder 320/6 and 323i and the inexpensive 315, born after the oil crisis.

From the 5 Series a coupé model was later derived, called the 6 Series (E24). In 1976 it was marketed in 630 CS and 633 CSi versions, both six-cylinder. Even though these shared the basic mechanics with the sedan, the bodywork was completely new, with a slender and aggressive line. In 1978 the powerful 635 CSi was also added, and the following year, the basic model became the 628 CSi.

The last cars of the older generation, the Neue Sechs, were replaced in 1977 by the 7 Series (E23) which from every point of view represented a significant step ahead for the BMW brand in the world of luxury cars.

Stylistically inspired by the 6 Series, it was a completely new model and represented the highest technological evolution of the moment, offering innovative options such as a trip onboard computer and ABS. It was available in 728, 730 and 733i versions, all six-cylinders. The heavy competition of the Mercedes-Benz S-class, however, led

En haut : la puissante berline BMW 745i avec moteur turbocompressé (1980).
À droite : la BMW M535i, première voiture bavaroise à utiliser la lettre "M" pour signifier une version de sport développée par le département Motor-sport. Lancée en 1979, elle a été adaptée avec le moteur des 635 CSi.

Top: *the powerful BMW 745i saloon with turbocharged engine (1980).*
Right: *the BMW M535i, the first Bavarian car to use the "M" letter. It was a sports version developed by Motorsport department. Launched in 1979, it was fitted with the engine from the 635 CSi.*

Mercedes-Benz était rude et conduisit BMW à renouveler sa gamme de moteurs dès 1979, avec les nouveaux 728i, 732i, 735i et le 745i à turbocompresseur.

En 1978, BMW connut également un nouvel épisode tout aussi significatif et fascinant dans l'histoire de BMW : l'extraordinaire M1 (E26). Pour contrecarrer la domination de Porsche sur le segment des voitures de sport hautes performances, le producteur bavarois demanda au bureau Italdesign de Giorgetto Giugiaro de concevoir un biplace à moteur central, avec châssis tubulaire renforcé et une carrosserie en fibre de verre. Le moteur était une évolution extrême du 3.5 six cylindres avec circuit à carter sec à recirculation et injection mécanique de carburant Kugelfischer mis au point par la division Motorsport de BMW. Lamborghini était censé produire ce nou-

BMW to update the engine range in 1979 already, with the new 728i, 732i, 735i and the turbocharged 745i.

1978 witnessed another part of BMW history as significant as it was fascinating: the extraordinary M1 (E26). In an attempt to counteract the Porsche dominance in the field of high performance sports cars, the Bavarian producer commissioned Giorgetto Giugiaro's Italdesign to come up with a mid-engined two-seater with plate-reinforced tubular chassis and fibreglass bodywork. The engine was an extreme version of the six-cylinder 3.5 with dry sump lubrication and Kugelfischer mechanical fuel injection developed by BMW's Motorsport Division. Lamborghini should have been in charge of production, but the Italian company found itself in trouble because of the crisis that swept the car world in those years and was unable to meet

Dans les pages précédentes : la deuxième génération BMW Série 5, l'E28, lancée en 1981.
Sur la page ci-contre : la deuxième génération BMW Série 3, l'E30 de 1982. *À gauche au-dessus :* la 318i à deux portes; *à gauche en bas :* la 320i à quatre portes ; *à droite :* la 325iX à quatre roues motrices lancée en 1986.

On the previous pages: *the second generation BMW 5 Series, the E28, launched in 1981.*
On the opposite page: *the second generation BMW 3 Series, the 1982 E30.* Top left: *the two-door 318i;* bottom left: *the four-door 320i;* right: *the all-wheel-drive 325iX introduced in 1986.*

À gauche, en haut : la BMW M5 basée sur l'E28 de la Série 5, lancée en 1984.
À gauche en bas et sur la page ci-contre : la version cabriolet de l'E30 Série 3, fabriquée par Baur Karrosseriewerke depuis 1985.

Top left: *the BMW M5 based on the E28 5 Series, launched in 1984.*
Bottom left and on the opposite page: *the Cabrio version of the E30 3 Series, made by Baur Karrosseriewerke since 1985.*

La BMW 318i "Touring", une nouvelle version de l'E30 Série 3, lancée en 1987 pour affronter la concurrence sur le marché à croissance rapide des "sport-wagons".

The BMW 318i Touring, a new version of the E30 3 Series launched in 1987 to compete in the fast-growing market of the sport-wagons.

veau modèle, mais le constructeur italien rencontra des problèmes en raison de la crise qui touchait durement le monde automobile à cette époque et ne put tenir ses engagements. La M1 fut fabriquée à quelques centaines d'exemplaires seulement par l'atelier de carrosserie Baur avec la collaboration d'Italdesign.

La gamme BMW de base fut renouvelée au début des années quatre-vingt. La première fut la Série 5, le modèle le plus ancien et également le plus important en termes de ventes pour le constructeur bavarois. Satisfaisant les désirs de clients extrêmement conservateurs, l'E28 n'était pas révolutionnaire mais c'était une évolution profonde de l'E12 : plus longue, plus confortable et plus légère, avec une consommation de carburant inférieure. Au moment de son arrivée sur le marché, en 1981, la gamme incluait la 518 quatre cylindres et la 520i, 525i, et 528i six cylindres.

the commitment. The M1 was manufactured just in a few hundred units from the Baur body shop with Italdesign collaboration.

The range of standard BMW cars was renewed at the beginning of the Eighties. The first was the 5 Series, which was the oldest model and also the most important for the Bavarian producer's sales. Supporting the desires of extremely traditionalist customers, the E28 was not revolutionary but a profound reworking of the previous E12: longer, more comfortable and lighter, with lower fuel consumption. At the time of its market entry, in 1981, the range included the 518 four-cylinder and the 520i, 525i, and 528i six-cylinder.

The fact that these did not constitute a completely new model made them age quickly, despite the addition of extremely interesting versions in 1984 as the 524td -first

Page ci-contre : la deuxième génération de la Série BMW 7, l'E32, dévoilée en 1987. *Dans le sens des aiguilles d'une montre, à partir de la gauche en haut :* la 750iL HS, version à l'épreuve des balles avec empattement rallongé; la 750iL avec un empattement allongé de dix centimètres et la 750i standard avec moteur V12.

On the opposite page: *the second generation BMW 7 Series, the E32 unveiled in 1987.* Clockwise, from top left: *the 750iL HS, extended-wheelbase bulletproof version; the 750iL with the wheelbase extended by ten centimetres; the regular 750i, with V-twelve engine.*

En 1987 les Série 3 ont été offertes en tant que version "M". *À droite* le cabriolet M3 et *sur la page ci-contre* le Coupé M3. *Dans les pages suivantes :* le roadster peu commun BMW Z1, lancé en 1987.

In 1987 the 3 Series was offered as "M" version. Right *the M3 Cabrio;* on the opposite page *the M3 coupe.* On the next pages: *the unusual roadster BMW Z1, launched in 1987.*

La BMW 325iX "Touring", premier break bavarois à quatre roues motrices, lancé sur le marché en 1988.

The BMW 325iX Touring, the first Bavarian four-wheel-drive estate, marketed in 1988.

102

Ne s'agissant pas véritablement de nouveaux modèles, elles furent rapidement démodées, malgré l'ajout de versions extrêmement intéressantes comme la 524td en 1984 - la première voiture diesel de BMW - et la sportive M5 en 1985 avec un moteur 24 soupapes et 286 chevaux.

Dès 1982 la Série 3 fut également améliorée avec l'E30. Cette fois-ci, c'était un changement d'approche radical, puisque la Série 3 cessait d'être une berline à deux portes compacte pour devenir en quelques années une famille entière de voitures de classe moyenne avec un contenu de haute qualité. La gamme était non seulement composée de cinq moteurs -316, 318i, 320i, 323i et 324d, mais également de quatre types de carrosserie : deux berlines, une décapotable construite par Baur et la « Touring », un break à cinq portes.

Cette dernière, présentée en 1987, était également disponible avec quatre roues motrices dans la version originale 325i X, entrant ainsi dans la gamme des break destinés aux loisirs, très en vogue à cette époque. À celles-ci s'ajoutait la version sportive M3 2.3, 16 soupapes, d'une puissance de 200 chevaux avec une carrosserie agrandie et disponible aussi en modèle décapotable.

La Série 7 fut la dernière à être remplacée en 1987 avec l'E32. Dessinée par le styliste italien Ercole Spada, elle conservait une ligne très sobre et traditionnelle bien qu'elle

BMW diesel car- and the 1985 sports car M5 with 24-valve engine 286 horsepower.

In 1982 the 3 Series was also revamped, with the E30. It was a radical change, since the 3 Series stopped being a compact two-door saloon and grew out into an entire family of middle-class cars with high-quality content within a few years. The range not only consisted of five engines -316, 318i, 320i, 323i and 324d- but also of four body types: two- and four-door saloon, convertible built by Baur, and "Touring", i.e. five-door estate. The latter, introduced in 1987, was also available in the original version 325i X four-wheel-drive, entering the category of the leisure estate cars, which in those years was hitting it big. To those it was adding the sporty M3 version with 2.3 16-valve engine 200 horsepower and enlarged body, available as a convertible model too.

The last in being renewed, was the 7 Series with the 1987 E32. Designed by the Italian Ercole Spada, it maintained a very sober and traditional line in spite of being a completely new car, which boasted advanced technological content, such as traction and dual zone climate control. The first model was the 735i, mechanically identical to the previous 7 Series, but already at the end of the year it was flanked by the 750i, which boasted an unprecedented twelve-cylinder engine, the first manufactured in Germany after

Deux voitures développées en 1988 par le département Motorsport de BMW : *à droite* la M5 (E32) et *sur la page ci-contre* la M3 Evolution (E30).

Two cars developed in 1988 by BMW's Motorsport department. Right *the M5 (E32) and* on the opposite page *the M3 Evolution (E30).*

fût une voiture complètement neuve, qui revendiquait un contenu hautement technologique avec le système ASR et la climatisation bi-zone. Le premier modèle fut la 735i, mécaniquement identique à la Série 7 précédente, et dès la fin de l'année, la 750i vint s'ajouter avec un moteur sans précédent de douze cylindres, le premier construit en Allemagne après un demi-siècle. Elle fut également proposée en version 750iL avec une carrosserie à empattement rallongé, puis l'année suivante ce fut au tour de la 735iL.

Fort d'une gamme de berlines faisant partie des meilleures au monde, BMW décida dès lors d'essayer de différencier son offre, visant cette fois une voiture de sport compacte à l'allure futuriste qui, comme on pouvait s'y attendre s'appela Z1, « Z » pour « Zukunft », futur en allemand. L'architecture était celle d'un roadster, avec un moteur intégré frontal 2.5 de six cylindres. Les particularités, cependant, étaient nombreuses, le châssis ayant été construit

half a century. It was also presented in the 750iL model with lengthened-wheelbase bodywork, extended the following year to the 735iL.

Enjoying the support of a range of saloons among the best in the world, BMW decided to try and differentiate the offer, aiming this time at a sports car which was compact and had a futuristic look. Not surprisingly, it was called Z1, with the letter being the initial of Zukunft ("future"). The design was that of a roadster, with front inline six-cylinder engine 2.5. It had many peculiarities. Its chassis was built to be fully functional even without the body, so this could be made of easily removable lightweight plastic panels, which, according to BMW, enabled for everything to be replaced -even the colour of the car- in just 40 minutes. In addition, the doors featured an unconventional retractable system folding down into the sills, which made it necessary to climb over to enter and exit the Z1. One could even

La troisième génération BMW Série 5, l'E34, dévoilée en 1988. Elle fut reconnue comme une des voitures les plus fiables jamais construite.

The third generation BMW 5 Series, the E34 unveiled in 1988. It's known as one of the most reliable cars ever built.

La série 8 de BMW (E31), raffinée et technologiquement améliorée en 1989. Elle était
dérivée de l'E32 Série 7, et hérita du puissant
moteur V12.

*The refined and technologically enhanced
1989 BMW 8 Series (E31). It was a derivate
of the E32 7 Series, from which inherited the
powerful V12 engine.*

108

À gauche : la E34, version "Touring" de la BMW Série 5, lancée en 1992.
Au-dessus : la M5, génération basée sur la E34, a été offerte également pour la première fois en version "Touring" en 1992.

Left: *the Touring version of the E34 BMW 5 Series, launched in 1992.*
Top: *with the generation based on the E34, the M5 was offered for the first time also in Touring version (1992).*

pour être entièrement fonctionnel même sans carrosserie, celle-ci pouvant ainsi être fabriquée en panneaux en plastique léger, facilement démontables, à tel point que BMW déclarait que tout pouvait être changé – même la couleur - en exactement quarante minutes. De plus, les portes étaient escamotables et coulissaient dans les bas de caisses ; ainsi pour entrer et sortir de la Z1 il fallait les enjamber et on pouvait la conduire avec les portes rétractées. Elle fut présentée au public à l'automne 1987 et commercialisée au printemps suivant.

Toujours en 1988, la troisième génération de la Série 5, l'E34, vit le jour, et restera à tout jamais l'une des voitures les plus fiables et les plus sûres construites jusqu'alors avec ses systèmes ultramodernes tels que l'ABS, l'airbag et le système ARS. De plus, le châssis était dérivé de la Série 7 tandis que la carrosserie était une fois encore signée Ercole Spada, qui avait sagement gardé quelques dispositifs distinctifs du style BMW, comme les doubles phares ronds, en les intégrant de manière moderne et sexy. Les moteurs en revanche étaient une évolution de la génération précédente. À son arrivée sur le marché, elle fut proposée dans sa version 520i, 525i, 530i, 535i et 524td, mais bientôt s'ajoutèrent la 520i 24v, la 525i 24v et la 524tds, plus puissantes. Naturellement, la voiture de sport M5 migra également vers la nouvelle génération.

drive it with completely retracted doors. It went public in the autumn of 1987, and went for sale in spring.

Still in 1988, the E34, the third generation of the 5 Series was brought out. It was destined to be remembered as one of the most reliable cars ever, and one of the safest built until then, with advanced systems such as ABS, airbag, and traction control system. Moreover, the chassis was issued from the 7 Series, while again the body was the work of Ercole Spada, who had wisely kept some distinctive features of the BMW style, such as the dual round headlights, integrated into a modern and attractive form. The engines however, were an evolution of the previous generation; at market entry the car featured the 520i, 525i, 530i, 535i and 524td, but soon the more powerful 520i 24v, 525i 24v and 524tds were added. Of course, also the M5 sports car entered the new generation.

In the continuing competition against the Mercedes-Benz E-class, the slight restyling of 1991 also featured new versions with eight-cylinder engine 530i 32v and 540i 32v, the 525iX 24v four-wheel drive and the five-door Touring bodied, also available on the M5.

In 1989, meanwhile, BMW had proceeded to replace the 6 Series Coupé with a new model which was even more sophisticated and technologically advanced: the E31. Though it was based on the platform of the 750i, it was

En concurrence constante avec la classe E de Mercedes-Benz, avec le léger remodelage de 1991 les nouvelles versions 530i 32v et 540i 32v huit cylindres, la 525X 24v à quatre roues motrices et la carrosserie Touring cinq portes, également disponible sur la M5, virent le jour.

Entre temps, en 1989, BMW avait remplacé la Série 6 Coupé par un nouveau modèle bien plus sophistiqué et technologiquement avancé : l'E31. Basé sur la plate-forme de la 750i, il était plus grand que le précédent et c'est pourquoi il fut baptisé Série 8. Il était équipé du même moteur douze cylindres en V de la berline et fut initialement uniquement proposé en version 850Ci. À son lancement sur le marché, ce modèle incarna l'expression ultime de la construction automobile allemande. C'était l'une des automobiles les plus modernes jamais construites. Avec une boîte à six vitesses, de nombreux systèmes de sécurité, la conduite assistée comme l'EDC, une suspension pilotée et réglable sur deux modes de comportement différents. En 1993, la gamme accueillit deux nouveaux modèles : la 850CSi, encore plus puissante, et de la 840Ci huit cylindres.

larger than the previous one, which is why they decided to call it the 8 Series. It was fitted with the same twelve-cylinder V engine of the saloon and was initially offered only in the 850Ci model. When it was marketed, it represented the ultimate expression of German motoring engineering and was one of the most advanced automobiles ever built, with a six-speed gearbox, numerous safety systems and driver's assistance, such as the EDC. The futuristic controlled damper suspension was adjustable to two different behaviour styles. In 1993, the range doubled with the even more powerful 850CSi and the eight-cylinder 840Ci.

La BMW 850CSi, évolution extrême de la Série 8, lancée en 1993, équipée du moteur 5.8 l V12, développant 380 CV.

The BMW 850CSi, extreme evolution of the 8 Series launched in 1993, fitted with a 5.8 l V12 engine, developing 380 HP.

L'INNOVATION
DANS LA TRADITION

Innovation
into tradition

Au début de l'année 1992, une nouvelle génération de la Série 3, l'E36, fut introduite sur le marché. Les modifications concernaient cette fois-ci principalement la carrosserie, qui lança une tendance inédite et bien plus moderne ; la seule intervention significative sur la mécanique fut l'adoption de l'essieu arrière multibras sophistiqué dérivé de la Z1, tandis que le reste du châssis était inspiré de l'E30. La stratégie qui consistait à faire de la Série 3 une famille très variée fut à nouveau couronnée de succès. Au lancement, les berlines quatre portes 316i, 318i, 320i, 325i et 325td furent proposées ; suivies en 1992 d'un coupé fort sympathique, d'une version standard puis de la M3. En 1993, vint le tour de la décapotable (en version M3 également) et de la Compact. Cette dernière avait la même carrosserie avant que la berline, mais l'arrière était vingt centimètres plus court, pour créer un véhicule bi-corps, pas très abouti d'un point de vue esthétique. La tentative de BMW de ren-

At the beginning of 1992, a new generation of the 3 Series, the E36, was put into market. The interventions mainly focused on the bodywork, which set a completely new stylistic trend and was definitely more modern. The only significant change in mechanics was the adoption of the sophisticated multilink rear axle issued from Z1, while the rest of the chassis had its origins from the previous E30. The strategy of offering the 3 Series as a very large family of models was successfully reconfirmed. At the market entry the four-door saloons 316i, 318i, 320i, 325i and 325td were available. In 1992 the pleasant coupé version, standard version and M3 were reissued. In 1993 the Convertible (in M3 version too) and the original Compact were released. The latter had its body front part in common with the saloon, while the tail had been shortened by more than twenty centimetres, as to create a three-door hatchback, actually not very successful from an aesthetic point of view. BMW's attempt to expand

L'E36, troisième génération de la Série 3 de BMW. Dévoilée en 1991, c'était un pas en avant important sous le point de vue du style, marquant une coupure avec le passé.

The third generation BMW 3 Series, the E36. Unveiled in 1991, it was an important step ahead from a stylistic point of view, marking a break to the past.

L'E36, de la Série 3 de BMW, a également été offerte en 1992 dans certaines versions sportives. À droite : le Coupé M3 et le cabriolet M3 ; sur la page ci-contre : le Coupé 320i

In 1992 the E36 BMW 3 Series was presented in some sports versions as well. Right: the M3 Coupe and M3 Cabrio; on the opposite page: the 320i Coupe.

À gauche en haut : l'E36, Coupé de la troisième génération, de la Série 3 de BMW.
À gauche en bas : la nouvelle compacte de la Série 3 de BMW, introduite en 1993.
Sur la page ci-contre : l'E36, la version cabriolet de la Série 3 de BMW, dévoilée en 1993.

Top left: the third generation BMW 3 Series Coupe (E36).
Bottom left: the new BMW 3 Series Compact, introduced in 1993.
On the opposite page: the Cabrio version of the E36 BMW 3 Series, unveiled in 1993.

forcer sa présence sur un segment inférieur ne fut pas non plus particulièrement réussie. La Série 3 Touring sortie en 1994 rencontra cependant un meilleur accueil, confirmant la tendance des breaks de loisir.

Toujours en 1994, la nouvelle génération de la Série 7, l'E38, fit son entrée sur le marché. D'un point de vue esthétique, c'était une évolution sobre de l'E32, mais elle était montée sur une plate-forme inédite et bien plus innovante. Extraordinairement luxueuse et raffinée, elle fut déclinée dans une gamme complète de modèles comprenant la 730i, la 735i et la 740i ainsi que la puissante 750i V12 et, pour la première fois sur un produit phare de ce niveau, une version diesel, la 725td. Comme par le passé, la carrosserie fut proposée dans la version standard et avec un empattement rallongé d'une douzaine de centimètres ; sans oublier, la version HS avec protection contre les armes à feu.

Cherchant constamment à se différencier, BMW sortit un nouveau roadster compact basé sur la plate-forme de la Série 3 : la Z3 (E36/4). Conçue par le styliste Jojo Nagashima, elle s'éloignait de radicalement de la berline avec ses lignes dynamiques et gracieuses et fut immédiatement couronnée de succès. Présentée en avant-première dans le film Golden Eye de James Bond, elle fut lancée officiellement fin 1995. Il s'agissait du premier modèle BMW à

its presence to a lower segment was not particularly successful either. The 3 Series Touring brought out in 1994, however, had more success, confirming the leisure estate car trend. Still in 1994, the E38, the new generation of 7 Series, made its market entry. From a stylistic point of view, it was a sober new version of the previous E32, but it was assembled on a completely new and increasingly innovative platform. Extraordinarily luxurious and refined, it offered a complete range of models that saw the initial 730i, 735i and 740i alongside with the powerful 750i V12 engine and for the very first time on a flagship of this level a diesel engine too, the 725td. As in the past, the bodywork was issued in the standard version and in a version with a wheelbase lengthened with a dozen centimetres; in addition, there were the HS versions with protection against firearms.

Constantly wanting to offer differentiation, BMW came up with a new compact roadster based on the platform of the 3 Series: the Z3 (E36/4). Designed by stylist Joji Nagashima, it did not maintain any link with the saloon, but was clearly different thanks to very dynamic and flowing lines, which immediately met with great success. Featured in sneak preview in the James Bond movie "Golden Eye", it was officially presented at the end of 1995 and was the first BMW to be assembled in the USA, in Spartanburg, South Carolina. To the initial 1.8 and 1.9 four-cylinder engines, a 2.8 six-cylinder

L'E36, de la Série 3 de BMW, a été complétée en 1994 avec les versions "Touring".
En haut, la 320i et *à droite* la 325iX à quatre roues motrices.

The E36 BMW 3 Series range was completed in 1994 with the Touring versions. Top, the 320i and right the all-wheel-drive 325iX.

Au-dessus : en 1994, la BMW M3 (E36) a également été présentée dans une version berline à quatre portes.
Page ci-contre : la troisième génération de la BMW Série 7, la E38 de 1994. *Dans le sens des aiguilles d'une montre, à partir de la gauche en haut :* la berline 750iL à long empattement, la berline standard 750i et la version blindée 750iL HS.

Top: *in 1994 the BMW M3 (E36) was introduced also in four-door saloon version.*
On the opposite page: *the third generation BMW 7 Series, the 1994 E38.* Clockwise, from top left: *the long wheelbase saloon 750iL, the regular saloon 750i and the armoured version 750iL HS.*

L'E39 de 1996, la quatrième génération de la Série 5 de BMW. *Dans le sens contraire des aiguilles d'une montre, à partir de la droite :* la berline 528i, la 540i "Protection" à l'épreuve des balles, pour la première fois offerte dans ce segment de voiture, et la version "Touring".

The fourth generation BMW 5 Series, the 1996 E39. Counter-clockwise, from right: the 528i saloon; the bulletproof version 540i Protection, for the first time offered in this car segment; and the Touring version.

être assemblé aux États-Unis, à Spartanburg plus précisément, en Caroline du Sud. Le six cylindres 2.8 vint s'ajouter l'année suivante aux moteurs 1.8 et 1.9 quatre cylindres, tandis qu'en 1998 la Z3 M avec un moteur 3.2 et le Z3 Coupé virent le jour.

Toujours en 1995, la Série 5 fut renouvelée et s'achemina vers la troisième génération avec l'E39. Outre une nouvelle ligne séduisante et équilibrée, des améliorations importantes furent apportées en termes de poids - grâce à l'utilisation intensive des alliages d'aluminium - et à une utilisation encore plus poussée de l'électronique. La Série 5 devenait de plus en plus populaire et rencontra un grand succès commercial. Les modèles proposés étaient tous des six ou huit cylindres : 520i, 528i, 525tds et, très vite, la 540i. L'année suivante la Touring fit son apparition en se démarquant plus encore de la berline grâce à une suspension arrière spéciale. Comme d'habitude, la version puissante M5 fut proposée dans la Série E39 en 1998.

Le style de la nouvelle Série 5 influença également la quatrième génération de la Série 3, l'E46, sortie en 1998. Inédite à tous points de vue tout en respectant l'allure traditionnelle de BMW, l'E46 éleva le niveau en offrant un équipement et des finitions semblables à ceux des voitures haut de gamme. Comme d'habitude, elle fut initialement proposée en version berline : 318i, 320i, 323i, 328i et

was added the next year, while in 1998 the Z3 M with 3.2 engine and the Z3 Coupé were presented.

Still in 1995, the 5 Series was renewed, meaning the E39 went through its third generation. Besides a new attractive and balanced line, important improvements were made in terms of weight -thanks to the heavy use of aluminum alloys- and to an even heavier usage of electronics. This led to an increase in popularity and commercial success for the 5 Series. The presented models were all six- or eight-cylinder: 520i, 528i, 525tds and, shortly after the debut, 540i. The following year the Touring version was also updated. Its evolution was even more pronounced because of the use of a specific rear suspension. The powerful M5 version, came out after that, in 1998 in the E39 series.

The renewed style of the 5 Series also influenced the 3 Series fourth generation, the E46, released in 1998. Completely new from every side, except for the choice to maintain a look in line with the BMW tradition, the E46 raised the bar even further by offering equipment and finishes similar to those of superior level cars. As usual, it was initially marketed as a saloon, in the versions 318i, 320i, 323i, 328i and 320d. In 1999, the range considerably expanded, with the new engines 316i and 330d and the Coupé and Touring versions. The new family was finally completed in 2000 with the still missing versions: the Convertible, The M3 Coupé and a new Com-

La BMW Z3, le beau roadster lancé en 1995
et construit aux États-Unis.

*The BMW Z3, the nice roadster launched in
1995 and built in the USA.*

320d. En 1999, la gamme fut considérablement élargie avec les nouveaux moteurs 316i et 330d et les versions Coupé et Touring. La nouvelle famille fut finalement complétée en 2000 avec les versions qui lui manquaient : la décapotable, la M3 Coupé et Cabriolet, et une nouvelle Compact. L'accueil mi-figue mi-raisin de la génération précédente, poussa BMW à adopter une approche différente. La marque essaya de créer une voiture plus harmonieuse et plus moderne que le reste de la famille, avec un avant spécifique.

Au milieu des années quatre-vingt-dix, BMW acquit par le biais de British Aerospace la marque Land Rover qui allait être vendue à Ford dès l'an 2000, mais le producteur bavarois essaya de capitaliser son savoir-faire dans le domaine de la transmission à quatre roues motrices pour mettre au point un nouveau modèle destiné à se placer sur le marché

pact. Seeing the rather half-hearted welcome this version had received in the previous generation, the approach was different; BMW attempted to create a car which boasted a greater harmony in shape, had more contemporary features and was fitted with a different front than the rest of the family.

About mid-Nineties, BMW had bought the Land-Rover brand from British Aerospace. Already in 2000 there was a possibility to sell it further on to Ford, but the Bavarian producer tried to capitalize on its know-how in the four-wheel drive field to bring out a new model, which fit into the fast-growing market of sports-utility vehicles. In 1999, the BMW X5, distinguished by the E53 code, was born from this project. The letter referred to the four-wheel drive saloon versions, while the number indicated that part of the mechanics issued from the 5 Series. Offering an excellent middle way

Page ci-contre, dans le sens des aiguilles d'une montre à partir d'en haut à gauche : la Série 3 refaçonnée, commercialisée en 1996, la M5 (version 1998 de la E39) et la E46, quatrième génération de la Série 3, dévoilée vers la fin de 1997.

On the opposite page, clockwise from top left: *the restyling of the BMW 3 Series marketed in 1996. the M5 version of the E39 (1998) and the fourth generation 3 Series, the E46 unveiled in late 1997.*

Née avec la carrosserie seulement du roadster, la BMW Z3 fut offerte plus tard comme Coupé. *En haut* la Z3 M de 1999 et *à gauche* la version standard de 1998.

Born with the roadster body only, the BMW Z3 was later also introduced as a Coupe. Top: the 1999 Z3 M. Left: the 1998 regular version.

À gauche : deux nouvelles versions de l'E46, de la Série 3 de BMW, présentées en 1999: le Coupé et la "Touring".
Page ci-contre : la BMW X5 lancé en 1999 pour étendre en Europe la tendance du SUV venant d'Amérique.

Left: *two new versions of the E46 BMW 3 Series introduced in 1999: the Coupe and the Touring.* On the opposite page: *the BMW X5 launched in 1999 to introduce the American SUV trend coming to Europe.*

très prometteurs des utilitaires sportifs. Ce projet baptisé E53, donna naissance à la BMW X5 en 1999 ; la lettre était identique à celle qui des versions berlines à quatre roues motrices et le numéro indiquait qu'une partie de la mécanique était dérivée de la Série 5. Excellent compromis entre une voiture de luxe et un véhicule tout-terrain, la X5 permit de répandre en Europe la mode des utilitaires sportifs - SUV- très en vogue aux États-Unis.

En 2000, BMW écrivit l'un de ces chapitres particuliers et fascinants propres à l'histoire des constructeurs automobiles : le lancement d'une supercar prestigieuse qui ressuscitait un mythe du passé, la 507.

La base était la Concept Z07, exhibée au Salon de l'automobile de Tokyo en 1997 et conçue par le styliste Danois

between a luxury car and an all-terrain vehicle, the X5 helped spread the mainly American SUV trend to Europe.

In 2000, BMW launched into one of those particular and fascinating episodes that sometimes occur in the history of a car producer: it wanted to create a glamorous supercar that brought back to life the myth of the 507.

The background was the Concept Z07 exhibited at the Tokyo Motor Show in 1997, designed by the Danish stylist Henrik Fisker. Three years later the dream became reality with the Z8 roadster (E52). Equipped with the M5 V8 five litres engine and assembled on an innovative aluminium chassis, it turned out exciting performances of top quality level and boasted an extraordinary style that allowed it to compete on equal terms with the latest and best sports cars.

La version cabriolet de l'E46, de la Série 3 de BMW, ajoutée seulement à la gamme en 2000.

The Cabrio version of the E46 BMW 3 Series, added to the range only in 2000.

La BMW, la plus fascinante jamais construite: la Z8, lancée en 2000. Elle était équipée du moteur V8 de la M5. Elle était inspirée des 507 classiques des années '50.

One of the most fascinating BMW ever built: the Z8, launched in 2000. It was fitted with the V8 engine from the M5 and was inspired by the classic 507 from the Fifties.

Henrik Fisker. Trois ans après, le rêve devint réalité avec le roadster Z8 (E52). Équipé du moteur M5 V8 cinq litres assemblé sur un châssis innovant en aluminium, ses performances étaient enivrantes, sa qualité optimale et son style extraordinaire. Elle rivalisait avec les meilleures voitures de sport du moment.

À droite : la BMW M3 basée sur l'E46 Série 3, lancée en 2000 dans des versions Coupé et cabriolet.
Page ci-contre : deux autres versions de l'E46 lancée sur le marché en 2000. *Au-dessus,* la compacte et *en bas* la puissante M3 CSL avec carrosserie légère.

Right: *the BMW M3 based on the E46 3 Series, launched in 2000 in both the Coupe and Cabrio versions.*
On the opposite page: *two other versions of the E46 marketed in 2000. Top: the Compact and bottom the powerful M3 CSL with lightweight body.*

Propulsé
Vers le futur

*Projected
into the future*

Le nouveau modèle "phare" et révolutionnaire de BMW: la quatrième génération de la Série 7 stylisée par Chris Bangle et dévoilée en 2001. *Dans le sens des aiguilles d'une montre, à partir de la droite :* la berline standard E65, la berline E66 à empattement élargi et la version blindée E67.

The new revolutionary BMW flagship: the fourth generation 7 Series styled by Chris Bangle, unveiled in 2001. Clockwise, from right: the regular saloon E65, the extended wheelbase saloon E66 and the armoured version E67.

À l'aube du troisième millénaire, BMW pouvait se reposer sur une tradition longue et établie de grandes innovations technologiques et d'évolutions stylistiques prudentes ; c'était une stratégie habilement équilibrée entre le besoin de progrès continu et le désir de ne pas bousculer l'image des voitures afin de ne pas perturber les clients. Tout avait magnifiquement fonctionné pendant trente ans - depuis la première BMW de luxe conçue par Michelotti, Gandini et puis Spada - mais le succès n'est pas éternel.

L'arrivée à Munich du concepteur américain Chris Bangle révolutionna tout. Quand il fut chargé de concevoir la nouvelle Série 7, l'E65, Bangle changea l'approche habituelle de BMW dans les modèles de luxe phares et proposa une voiture à la fois titanesque et puissante, dont les formes se caractérisaient par une alternance d'arêtes et de courbes. Au départ, le public fut perplexe et un groupe de fervents vint même à récolter des signatures afin de demander à BMW le renvoi de Bangle. Cependant, ces soucis furent surmontés et l'E65 remporta un succès sans précédent et devint la Série 7 la plus vendue de tous les temps.

Elle fut présentée en septembre 2001 dans une seule version, la 745i V8. Mais peu de temps après, la gamme fut considérablement élargie avec la 730i, la 735i, la 730d, la 745d et la puissante 760i V12. En plus de la berline standard E65, on proposa également la berline tradition-

At the dawn of the third millennium, BMW could fall back on a long and established tradition of great technological innovations and cautious stylistic evolutions. It followed a skilfully balanced strategy that combined the demand for a continuous progress in content, with the necessity to steer away from excessive discontinuity in image, so as not to trouble customers too much. Everything had worked out in a great way for thirty years; from the first classy BMW designed by Michelotti, and Gandini , to Spada. But it was liable not to last forever.

The arrival in Munich of American designer Chris Bangle revolutionized everything. Entrusted with the task of designing the new 7 Series, the E65, Bangle abandoned the usual BMW approach for luxury flagships and suggested a simultaneously mastodontic and powerful car, with forms characterized by an alternation of edges and curved surfaces. Initially the public was puzzled and a group of enthusiasts even petitioned to ask BMW for Bangle's dismissal. But once the initial concerns were surpassed, the E65 grew out to be an unprecedented success, becoming the best-selling 7 Series ever.

It was presented in September 2001 in the only 745i V-eight version but, shortly after, the range was considerably expanded with the 730i, 735i, 730d, 745d and with the powerful V-twelve 760i. In addition to the standard saloon

nelle E66 à empattement long, la version blindée E67 « Protection » E67 et l'E68 « Hydrogen 7 » avec propulsion d'hydrogène, produite en quelques exemplaires à titre expérimental mais jamais lancée sur le marché.

La révolution initiée par Bangle en tant que patron du style de BMW Style gagna rapidement d'autres modèles, ravivée par le succès de la Série 7. En 2002, le roadster Z3 fut donc remplacé par un nouveau modèle, la Z4 (E85), qui s'inscrivait dans cette nouvelle veine. Conçue par le Danois Anders Waring, la Z4 (E85) rompait tout lien avec le passé et se caractérisait par des formes particulièrement imaginatives. Même du point de vue technique, c'était une voiture inédite, plus moderne et plus grande que la Z3.

Le modèle suivant qui « subit » l'assaut de Bangle fut naturellement la Série 5, remplacée au milieu de 2003 par les E60/E61 (respectivement berline et Touring). Le traitement

E65 BMW also manufactured the usual long-wheelbase saloon E66, the armoured version "Protection" E67 and the "Hydrogen 7" E68 with hydrogen propulsion, built in just a few prototypes intended for illustrious testimonials and actually never marketed.

The revolution set up by Bangle as Chief of Design of BMW quickly spread to other models, supported by the achieving success of the 7 series. In 2002, the roadster Z3 was replaced by a new model, the Z4 (E85), which fit in with the new approach. Designed by the Dane Anders Warming, it left no link with the past and was characterized by particularly imaginative forms. Even from a technical point of view, it was a completely new car, more modern and larger than the previous Z3.

The next model to "suffer" Bangle's care was, of course, the 5 Series, renewed mid-2003 with the E60/E61 (saloon

La sportive BMW Z4 (E85) lancée en 2002.

The BMW Z4 (E85) sportscar launched in 2002.

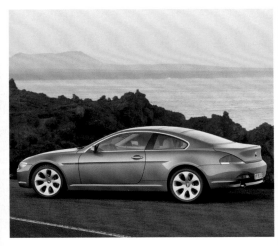

En 2003, la Série 5 de BMW a été renouvelée et fut élargie par les Série 6 sportives, basées sur la même plate-forme. *En haut :* le Coupé E63; *à droite :* la décapotable E64. *Page ci-contre :* la "Touring" E61 (*en haut*) e la berline E60 (*en bas*).

In 2003 the BMW 5 Series range was renewed with the fifth generation and was broadened with the sporty 6 Series, based on the same platform.
Top: *the E63 Coupe;* right: *the E64 Convertible.* On the opposite page: *the E61 Touring (*top*) and the E60 saloon (*bottom*).*

Au-dessus : la petite BMW Série 1 (E87), lancée en 2004 pour remplacer la compacte de la Série 3, peu appréciée.
Page ci-contre : la BMW X3 (E83), qui a agrandit la famille du SUV bavarois en 2003.

Top: *the small BMW 1 Series (E87), launched in 2004 to replace the not so beloved 3 Series Compact.*
On the opposite page: *the BMW X3 (E83), that joined the family of the Bavarian SUVs in 2003.*

était semblable à celui de la Série 7, avec une rupture claire vis-à-vis de la génération précédente : un modèle aux surfaces douces cassées par des lignes aiguisées qui exprimaient à la fois solidité et puissance. La nouvelle Série 5 transforma radicalement l'approche traditionnelle de l'habitacle qui devint beaucoup plus sobre et plus minimaliste. Une attention toute particulière fut également portée à l'interface homme-machine, avec un système de contrôle inédit i-Drive, qui permettait de contrôler d'une manière innovante tous les dispositifs de la voiture qui n'avaient pas de rapport direct avec la conduite, tels que le système stéréo ou le navigateur.

En plus de la nouvelle Série 5, la Série 6, absente depuis la fin des années quatre-vingt, fit son grand retour. C'était un coupé, grand et élégant, qui avait le même châssis que la berline et un style assez proche. L'E63, à carrosserie fermée, fut rejointe début 2004 par le cabriolet E64, tandis qu'en 2005 toute la famille de la Série 5 et de la Série 6 fut proposée en version Motorsport. Elles étaient équipées d'un nouveau moteur V10 capable de développer plus de 500 chevaux.

Bien des nouveautés caractérisèrent la période 2003-2004 ; en plus des Séries 5 et 6, deux familiales tout à fait originales firent leur apparition : la X3 (E83) et la Série 1 (E87), pour une offre encore plus complète. Dans le premier cas c'était

and Touring, respectively). The treatment was similar to that of the 7 Series and formed a clear break with the previous generation thanks to a design made of soft surfaces broken by sharp lines that simultaneously expressed solidity and power. The new 5 Series completely changed the interior design, boasting a much more sober and minimalist look compared to BMW tradition. It paid particular attention to the human-machine interface as well as to the brand new i-Drive control system, which very innovatively allowed the driver to manage the car's features which were not directly related to driving, such as the stereo system or browser.

Next to the new 5 Series, the 6 Series returned as well, after an absence since the late Eighties. It was a large and elegant coupé, which shared the chassis and a certain stylistic link with the saloon. At the beginning of 2004 the E63 with closed bodywork was flanked with the E64 Convertible, while in 2005 the entire family of the 5 and 6 Series was also reissued in Motorsport versions, equipped with a new V-ten engine capable of developing over 500 horsepower.

A large number of novelties characterized 2003 and 2004. In addition to the 5 and 6 Series, they saw the market entry of two completely original families: the X3 (E83) and the 1 Series (E87), which made the range of the Bavar-

En 2005, la M5, basée sur l'E60/E61 de la Série 5 de BMW fut dévoilée: *à droite* la berline et *en bas* la "Touring".

In 2005 the M5 based on the E60/E61 BMW 5 Series were unveiled: right *the saloon and* bottom *the Touring.*

À gauche : les versions Motorsport de la Série 6, lancées sur le marché en 2005. *En haut,* le Coupé M6 et *en bas* la décapotable M6.
Page ci-contre : la cinquième génération BMW 3, lancée en 2005. *Dans le sens des aiguilles d'une montre, à partir de la gauche en haut :* la berline quatre portes E90, la "Touring" l'E91 et le Coupé E92.

Left: *the Motorsport versions of the 6 Series, marketed in 2005.* Top: *the M6 Coupe.*
Bottom: *the M6 Convertible.*
On the opposite page: *the fifth generation BMW 3 series, launched in 2005.* Clockwise, from top left: *the four-door saloon E90, the Touring E91 and the Coupe E92.*

En 2005, la gamme de la BMW Z4 a été élargie avec les versions Coupé et Motorsport. *En haut à gauche :* le Coupé Z4 ; *en bas à gauche :* le Coupé Z4 M. *Page ci-contre :* le roadster Z4 M.

In 2005 the BMW Z4 range was widened with the Coupe and Motorsport versions. Top left: *the Z4 Coupe.* Bottom left: *the Z4 M Coupe.* On the opposite page: *the Z4 M roadster.*

un « Sport Active Vehicle » à ranger à côté de la célèbre X5, dont il se différenciait par de plus petites dimensions et le style résolument excentrique de Bangle. La deuxième nouveauté allait remplacer la Série 3 Compact, sous-estimée, avec l'abandon de la carrosserie 2 ½ - démodée - en faveur d'une carrosserie classique cinq portes deux volumes. Quant à la Série 1, elle était plus que jamais anti-conventionnelle. C'était la seule de sa catégorie à avoir un moteur longitudinal et la propulsion arrière et son style était extrêmement extravagant et son habitacle identique à celui du segment supérieur. L'expérience fonctionna et en 2007 la gamme fut élargie avec la trois-portes (E81), le Coupé (E82) et le cabriolet (E88).

Pendant ce temps, début 2005, le renouvellement complet de la gamme de BMW avec les nouvelles règles stylistiques imposées par Bangle fut achevé avec la cinquième généra-

ian producer even more comprehensive and complete. The first was a new "Sport Active Vehicle" to set alongside the by now famed X5, compared to which it had smaller dimensions and Bangle's typical whimsical style. The second novelty was made to replace the underappreciated 3 Series Compact, abandoning the two-and-a-half-box body -now outmoded- in favour of a classic five-door two-box. In almost everything else however, the 1 Series was unconventional as ever: it was the only car in its class to offer longitudinal engine mechanics and rear wheel drive; it had an extremely extravagant style and was finished as an upper segment car. The experiment worked and in 2007 the range was expanded with the three-door (E81), the Coupé (E82) and the Convertible (E88).

In early 2005, the renovation of the entire BMW range with the new stylistic rules imposed by Bangle was completed

La deuxième génération de la BMW X5, l'E70, lancée en 2006.

The second generation BMW X5, the E70 launched in 2006.

159

La BMW M3, dérivée de l'E92 Coupé de la Série 3, a été la première à être équipée d'un moteur V8 au lieu du V6 habituel. Elle a été lancée sur le marché en 2007.

The BMW M3 derived from the E92 3 Series Coupe was the first to be fitted with a V8 engine instead of the usual V6. It was put on the market in 2007.

En haut : l'E93 décapotable de la Série 3, qui compléta la gamme en 2007.
Page ci-contre : en 2007, uniquement lancée avec une carrosserie à cinq portes, la BMW Série 1 est passée au satut de gamme dotée de nombreuses versions. *Dans le sens des aiguilles d'une montre, à partir du haut à gauche :* l'E88 décapotable, le Coupé E82, les berlines E81 (5 portes) et E87 (3 portes) avec hayon arrière.

Top: *the E93 3 Series Convertible, that completed the range in 2007.*
On the opposite page: *born with a 5-door body only, in 2007 the BMW 1 Series became a full range of versions.* Clockwise, from top left: *the Convertible E88, the Coupe E82, the 5-door hatch E81 and the 3-door hatch E87.*

En 2008, la nouvelle BMW M3 fut proposée avec d'autres types de carrosserie.
À gauche : la M3 (E93) décapotable; *sur la page ci-contre :* la berline M3 (E90).

In 2008 the new BMW M3 has been issued with other body types. Left: *the M3 Convertible E93.* On the opposite page: *the M3 saloon E90.*

La cinquième génération da la BMW Série 7, lancée entre 2008 et 2009. *Dans le sens des aiguilles d'une montre, à partir de la gauche et sur la page ci-contre :* la version blindée F03, la berline F01 et la berline F02 à long empattement (dans l'image la 760Li avec un moteur V12 à turbo-compresseur 6 litres) ; pour la première fois, elle était également disponible avec quatre roues motrices dans la version xDrive.

The fifth generation BMW 7 Series, launched between 2008 and 2009. Clockwise, from left and on the opposite page: the armoured version F03, the saloon F01 and the long-wheelbase saloon F02 (in the picture the 760Li with a turbocharged 6-litre V12 engine); for the first time, an all-wheel-drive in xDrive version was also available.

tion de l'E90 Série 3. Comme par le passé, la Touring (E91) vint s'ajouter à la berline puis l'année suivante ce fut au tour du Coupé (E92) et du cabriolet (E94), également disponibles dès 2005 en version M3.

Début 2006, la gamme de la Z3 fut élargie, avec en plus du roadster classique la version Coupé (E86), tous deux disponibles en version M avec un moteur 3.2 M3.

La même année, la deuxième génération de l'X5, l'E70, vit le jour. Le célèbre SUV bavarois offrait ainsi de plus grandes dimensions et comptait jusqu'à sept places.

2008 vit l'avènement de la nouvelle Série 7 avec comme d'habitude une berline standard (F01) et la (F02) à empattement long. Toujours dessinées par Bangle, elles avaient cependant une ligne moins extrême par rapport à la génération précédente si controversée et marquaient un léger retour vers les règles plus traditionnelles de BMW pour les voitures de luxe phares. Pour la X6 (E71), en re-

with the fifth generation of the E90 3 Series. As in the past, in addition to the saloon BMW issued the Touring (E91) and the next year the Coupé (E92) and the Convertible (E94), offered from 2005 in M3 version as well.

At the beginning of 2006 the range of the Z3 was expanded, putting the E86 Coupé version alongside the classic roadster and presenting both in M version with the 3.2 M3 engine as well.

In the same year, the second X5 generation, the E70, saw the light, offering larger dimensions and up to seven seats.

2008 saw the debut of the new 7 Series, offered as usual in the standard saloon (F01) and long-wheelbase (F02) models. Even though it was still designed by Bangle, it had a less extreme line than the controversial previous generation and slightly returned to more traditional BMW rules for luxury flagships. Definitely of opposed spirit is the X6

La BMW X6, un hybride entre un SUV et un Coupé de sport, dévoilée en 2008.

The BMW X6, an hybridization between a SUV and a sports coupe unveiled in 2008.

La deuxième génération de la BMW Z4, l'E89 de 2009, est équipée d'un hard-top se rétractant électriquement qui en fait un Coupé agréable.

The second generation BMW Z4, the 2009 E89, has an electrically folding hard-top that turns it into a pleasant coupe.

À droite : le SUV compact X1, lancé sur le marché en 2009.
Page ci-contre : la BMW Série 5 "Gran Turismo" de 2009, un hybride peu commun entre une berline de luxe, une voiture de sport, un break et un SUV.

Right: *the compact SUV X1, marketed in 2009.*
On the opposite page: *the 2009 BMW 5 Series Gran Turismo, an unusual hybridization among a luxury saloon, a sports car, an estate-car and an SUV.*

En haut : la nouvelle version des Série 5 à empattement allongé, spécifiquement développée pour le marché de luxe chinois.
Page ci-contre : la sixième génération de la BMW Série 5, proposée en 2010 dans les versions berline F10 et "Touring" F11.

Top: *the extended wheelbase version of the new 5 Series, developed especially for the luxury Chinese market.*
On the opposite page: *the sixth generation BMW 5 Series, unveiled in 2010 in the F10 saloon and F11 Touring versions.*

En haut : depuis 2010 la BMW X5 est également disponible dans la version Motorsport, sous le nom de X5 M.
Page ci-contre : la deuxième génération de la BMW X3, la F25 en vente depuis 2010.

Top: *since 2010 the BMW X5 is also available in Motorsport version, as X5 M.*
On the opposite page: *the second generation BMW X3, the F25 on sale since 2010.*

(E71): a hybrid between the X5 off-road and the 6 Series Coupé which is difficult to classify and was brought out at the end of the same year.

The choice for differentiation was confirmed in 2009 with the second generation of the Z4 and the presentation of two original and extraordinary models: the X1 (E84) and the 5 Series GT (F07). The new Z4 (E89) abandoned the canvas top for a coupé-convertible typology with an electrically folding rigid roof. The X1 was, however, a crossover version – i.e. four-wheel drive and raised-stability – of 1 Series. The 5 Series GT finally, was a hybrid between a luxury saloon, a sports car, an estate car and an SUV. Luxurious and refined, with a five-door body with a slender line and a high driving position, it disclosed from mechanical

Deux BMW très différentes développées par le département Motorsport : à *gauche* la XM de 2010 et *sur la page ci-contre* la nouvelle M1 de 2011.

Two very different BMWs developed by Motorsport department: left *the 2010 XM and* on the opposite page *the new 2011 M1.*

vanche, c'était l'inverse : cet hybride, lancé fin 2008, à mi-chemin entre la X5 tout-terrain et la Série 6 Coupé était inclassable.

La volonté de BMW de se démarquer fut confirmée en 2009 avec la deuxième génération de la Z4 et la présentation de deux autres modèles hors du commun : la X1 (E84) et la Série 5 GT (F07). La nouvelle Z4 (E89) avait abandonné la capote en toile pour devenir un coupé-cabriolet avec un toit rigide rétractable électriquement. La X1 était quant à elle une version mixte ; elle était équipée d'une propulsion à quatre roues motrices et dotée de la stabilité élevée de la Série 1. La Série 5 GT pour finir, était un hybride entre la berline de luxe, la voiture de sport, le break et l'utilitaire sportif. Luxueuse et raffinée, avec une carrosserie cinq portes élancée et une position de conduite élevée, elle

Nouvelle BMW Série 6, dans la version Coupé F12, lancée en 2011.

The new BMW 6 Series in the F12 Coupe version launched in 2011.

dévoila du point de vue mécanique la sixième génération de berline et touring de la Série 5 et (F10/F11) qui feraient leur apparition l'année suivante, en même temps que la deuxième génération de la X3, la F25.

Les dernières BMW appartiennent une fois encore au segment de la voiture de sport : en effet, la troisième génération de la Série 6 (F12/F13) et de la M1 sont sorties en 2011.

point of view the sixth generation of 5 Series Saloon and Touring (F10/F11), which would debut the following year, together with the X3 second generation, the F25.

The latest BMWs are once again sports cars: indeed, in 2011 the third generation of 6 Series (F12/F13) and the original M1 have made their debut.

La Série 6 de 2011 est également produite dans une version élégante décapotable F13.

The 2011 6 Series is also built in the elegant F13 Convertible version.

Alessandro Sannia

Né à Turin en 1974, Alessandra Sannia se consacre exclusivement à l'automobile. Diplômé en architecture, il travaille actuellement comme Expert en stratégie produits pour Fiat Group Automobiles, après plusieurs expériences dans le monde du stylisme et des moteurs.

Expert de l'histoire automobile, il a toujours été passionné de voitures. Alessandra Sannia est membre de l'Automotoclub Storico Italiano, de la prestigieuse Associazione Italiana per la Storia dell'Automobile et de l'American Society of Automotive Historians. Il travaille en tant que journaliste freelance pour plusieurs publications italiennes et étrangères et est l'auteur de nombreux livres, notamment une série consacrée aux Fiat. Pour les Editions Gribaudo, il a écrit *Fiat 500 Little Big Myth*, *Mini Minor*, *Beetle*, *Porsche*, *Mercedes-Benz* et *Alfa Romeo*.

Alessandro Sannia

He was born in Turin in 1974 and he is onehundred percent dedicated to cars. Graduated in Architecture, and after previous experience in the world of style and engines, he now works as product strategist for Fiat Group Automobiles.

He has been obsessed with and an expert on the history of automobiles all his life. Sannia is a member of the Automotoclub Storico Italiano, of the prestigious Associazione Italiana per la Storia dell'Automobile and of the American Society of Automotive Historians. He works as a freelance journalist for several Italian and foreign publications and is the author of numerous books, including a series dedicated to Fiat cars. For the Edizioni Gribaudo he has written Fiat 500, Mini, Beetle, Porsche, Mercedes-Benz *and* Alfa Romeo.

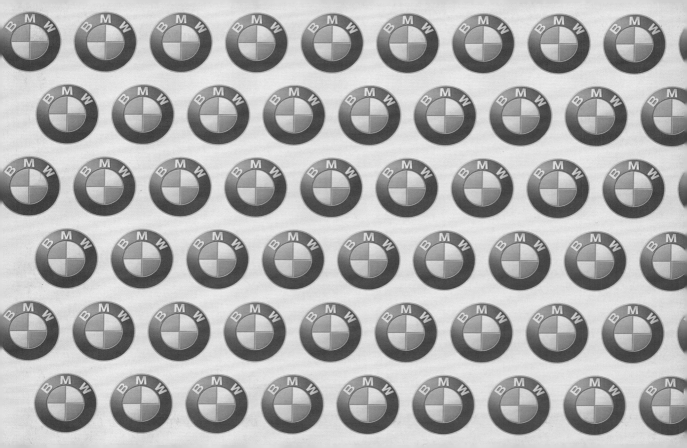